Depoiment

Milton Assumpção publicou todos os meus livros no Brasil e é uma grande satisfação para mim contar com seu suporte. Mesmo estando aqui nos Estados Unidos, posso sentir o poder de seus esforços de marketing, tanto no lançamento como no suporte dos livros. Milton mantém contato constante com seus autores informando sobre divulgação, vendas, tendências e inclusive sobre outros títulos que competem com nossos livros. Ele tem sido um grande parceiro.
Karl Albrecht, Autor dos livros "Inteligência Social" e "Inteligência Prática"

Milton Mira tem aquela combinação rara de valores e visão. Ele se importa muito com seu país e seu mundo, mas sabe que apenas se importar não é suficiente, que você tem que apresentar essas idéias a um público mais amplo. Aprenda com o mestre. Leia este livro.
Maude Barlow, Autora dos Livros "Água – Ouro Azul" e "Água – Pacto Azul"

Milton Assumpção escreveu um livro envolvente em que descreve suas aventuras no mercado editorial. Um empreendedor nato, a história de Milton será do interesse dos alunos e professores das escolas de administração, assim como dos profissionais e autores de marketing. Além de sua história de realização pessoal e criatividade, Milton também proporciona ao leitor insights essenciais e informações importantes sobre marketing, um segmento competitivo e difícil. Eu recomendo fortemente a leitura deste livro.
David R. Caruso, Autor do livro "Liderança com Inteligência Emocional"

Com *insight* e experiência, Milton Mira recorre à sua carreira estelar como executivo na indústria editorial para apresentar estudos de casos fascinantes, repletos de lições importantes em marketing e estratégia. Um livro valioso, escrito por alguém que conhece seu assunto intimamente.
Sydney Filkeinstein, Autor do livro "Por que Executivos Inteligentes Falham"

Quando digo que Milton é uma das melhores mentes de marketing do setor editorial do mundo, digo sob a perspectiva de alguém cujos livros foram publicados ao redor do globo e tem a oportunidade de trabalhar com algumas das melhores corporações. Na qualidade de quem ensina estratégia competitiva para as maiores empresas do mundo, tenho o prazer de recomendar o trabalho de Milton para aqueles que desejam competir com mais sucesso em seus mercados.
Gary Gagliardi, Especialista e autor da Série Sun Tzu aplicada aos negócios

A *Enciclopédia dos Vampiros* foi publicada em vários idiomas e países, mas o marketing que o Milton Assumpção aplicou no lançamento no Brasil foi surpreendentemente inovador até para nós aqui nos EUA. Eu recomendo a leitura de seu livro, principalmente o case do nosso livro.
Roger Janecke – Visible Ink, Editor de "O Livro dos Vampiros"

Milton Assumpção é um executivo de marketing excepcional com um talento especial para identificar e implementar estratégias de marketing produtivas e lucrativas.
Fred Perkins, Executivo Internacional Editorial

O marketing editorial é um negócio complexo, que requer anos para ser entendido. Felizmente, Milton Mira – que já publicou 2.000 livros – é um expert nessa área. Ele usa casos de estudo práticos para mostrar como lançar um livro no mercado. Editores e autores irão se beneficiar com este livro, assim como os profissionais e os estudantes de marketing.
Neil Rackham, Autor do livro "Alcançando Excelência em Vendas – SPIN Selling"

Já escrevi 11 livros sobre marketing que foram traduzidos para 20 idiomas, um dos quais o português. As edições em português, sob o comando de Milton Mira de Assumpção, foram de longe meus livros em língua estrangeira de maior sucesso. Seu novo livro, que delineia suas estratégias de marketing, é de interesse não só dos editores, mas também dos profissionais de marketing de todos os tipos de produtos.
Al Ries, Autor dos livros "Teoria do Posicionamento", "Marketing de Guerra", "Foco" e "22 Consagradas Leis de Marketing"

Milton Assumpcão, um mestre em Posicionamento Competitivo, compartilha seus segredos e sucessos de marketing, finalmente!
Kevin Roberts, Autor do livro "Lovemarks"

Milton Assumpção é o editor de negócios supremo, que conhece como ninguém seu mercado e público. Seu impacto e contribuição para a comunidade de negócios e para a literatura brasileira ao longo desses anos são imensuráveis.
Philip R. Ruppel, Presidente da McGraw-Hill Professional

Milton, todo livro que tenha 25 *cases* reais de marketing, como o seu, merece ser lido. "Aqueles que não se lembram do passado estão condenados a repeti-lo".
Jack Trout, Autor dos best-sellers "Posicionamento", "Marketing de Guerra", "Foco" e "Em Busca do Óbvio"

Tem sido um prazer imenso trabalhar com Milton Assumpção. Agradeço por tornar nossos livros tão conhecidos no Brasil.
Peter Weill, Co-autor dos livros "Governança de TI" e "Arquitetura de TI"

Milton é um profissional de marketing consumado. Sei disso devido a seu trabalho de marketing único e agressivo para meu livro. O livro foi publicado nos idiomas vietnamita, espanhol, coreano e chinês, mas somente depois que Milton adquiriu os direitos da versão em português para a M.Books é que tive a oportunidade de falar para grandes audiências internacionais. A seu convite, fui palestrante em uma conferência sobre liderança em Curitiba e falei para mais de 1000 pessoas. O marketing do Milton vai além de simples publicação do livro em português.
Lorin Woolfe, Autor do livro "Liderança na Bíblia"

Costumo dizer que não existe nada mais barato do que aprender com a experiência dos outros. As falhas são importantes para evitar que os mesmos erros sejam repetidos. As histórias de sucesso, por outro lado, podem ser inspiradoras e ajudar os leitores a enfrentar os dilemas e tomar decisões estratégicas.
O livro, O Vendedor de Livros, é uma prova contundente de que nos últimos anos existem poucas pessoas no mercado editorial brasileiro tão influenciadoras quanto Milton Mira.
É uma experiência de vida que certamente vale a pena conhecer.
Roberto Carvalho Cardoso, Presidente da Associação Federal de Administração de Empresas

Milton Mira de Assumpção Filho conta uma história de sucesso e as estratégias de produção, distribuição e vendas utilizando incríveis ferramentas de marketing totalmente novas no mercado editorial brasileiro, tornando a Makron Books uma das maiores editoras do Brasil. E, felizmente a editora de meus livros e que me fez um autor conhecido não somente no Brasil, mas em toda a América Latina, Portugal, Espanha e em alguns países africanos. A marca Makron Books foi singular e única graças à façanha, criatividade, ousadia e espírito empreendedor de seu Presidente. Temos muito que aprender com a experiência de Milton que soube mais do que ninguém transformar um mercado antes limitado e restrito ao fazê-lo crescer enormemente depois de suas ações estratégicas, impactantes e criativas. Vale a pena conhecer seus casos de sucesso. Parabéns, Milton!
Idalberto Chiavenato, Autor consagrado de livros de Administração entre eles: "Introdução à Teoria Geral da Administração" e "Teoria Geral da Administração" I e II

O Milton Assumpção trabalha numa das áreas de marketing que considero das mais difíceis: livros. Cada livro é um produto e, ao mesmo tempo, um serviço; é uma embalagem diferente; um nome diferente; compete nas prateleiras com milhares de concorrentes; cada centavo em preço conta; sua propaganda é mais viral que aberta.
E o Milton é profissional em cada etapa desse difícil processo. Vale a pena ler sobre sua experiência.
Roberto Duailibi, Publicitário e autor do livro "Criatividade e Marketing"

Milton Mira é o tipo da pessoa que tem o poder de ação em todas as áreas. É um forte divulgador das obras que edita, e seu marketing é tecnicamente perfeito.
Milton fez-se enfrentando todos os obstáculos que se coloca à frente das pessoas que têm muito o que conseguir, e que chegam ao sucesso. Todos que trabalham ou trabalharam na linha Editorial criada por Milton Mira têm obtido sucesso. Pela Makron Books, lancei livros bem-sucedidos porque nada foi feito sem uma planificação. Para sorte da área editorial, Milton continua com muita saúde e disposição para tocar todos os seus projetos.
Orlando Duarte, Autor dos livros "Enciclopédia do Futebol – Todas as Copas do Mundo" e "Pelé – O Supercampeão"

Em um livro biográfico como este, atrevo-me a falar inicialmente (e economizando palavras) da figura humana de Milton Mira, que consegue reunir qualidades das mais ricas e variadas. Ele é um exemplo de vida.
Sobre este livro, a simples idéia já é elogiável: além da sua biografia profissional, um resumo dos principais livros que já editou e que ultrapassam dois mil títulos. Será mais um best-seller da M.Books. Quero ser seu primeiro leitor.
Armando Ferrentini, Presidente da Editora Referência

Convivo com o Milton há mais de 20 anos e sou testemunha da missão que se impôs e realiza com qualidade única e que é a de vender livros. Especificamente em meu campo de atuação, o mundo dos negócios e do marketing, sua contribuição é inestimável. Através de alguns dos muitos livros que editou, lançou, promoveu e vendeu - inclusive os meus - milhares de jovens brasileiros e pequenos e microempresários iniciaram-se na arte e no ofício de administrarem seus negócios, suas vidas, suas trajetórias. Levou-lhes a luz e assim puderam ver, e, depois, caminhar.
Francisco Madia, Autor dos livros "O Grande Livro de Marketing" e "50 Mandamentos do Marketing" prêmio Jabuti 2005 – melhor livro não-ficção

Milton Mira de Assumpção dedicou toda sua vida para oferecer ao público brasileiro, particularmente estudantes, professores e profissionais, os melhores livros das áreas técnicas e didáticas, notadamente na área de "marketing", tanto de autores nacionais como estrangeiros. O "marketing" sofisticou-se, adaptou-se ao mundo global e Milton, acompanhando muito bem esta evolução, teve o mérito de antecipar sempre as tendências, publicando livros atuais e inovadores. Educadores e profissionais devem a ele um agradecimento especial pela contribuição ao ensino e ao conhecimento no Brasil.
Professor Victor Mirshawka, Diretor Cultural da FAAP

Foi uma boa combinação entre a visão de mercado do editor com o olhar atento e perspicaz do marqueteiro. Afinal, a decisão de lançar o livro *O Fim dos Empregos* do Jeremy Rifkin veio no momento certo, trazendo uma instigante reflexão que surgia no pensamento inovador americano. Por isso, convidei o Rifkin para vir ao Brasil e fazer algumas palestras em Ribeirão Preto e São Paulo. Suas idéias foram importantes, naquele momento, e contribuíram para o novo debate político nacional em torno de idéias igualmente novas na época e até para trazer formulações diferentes para novas reflexões para os setores de esquerda no Brasil. Tenho a impressão que, por outro lado, a estratégia do ponto de vista empresarial também ajudou a tornar o autor e a obra mais conhecidos entre nós e, assim, a vender mais livros.
Antonio Palocci Filho, Ex-Ministro da Fazenda e autor do livro "A Reforma do Estado e os Municípios"

Quando pensei em preparar um guia sobre Nova York, as livrarias brasileiras não tinham, como hoje, seções inteiras dedicadas a publicações sobre viagens. Nem mesmo Nova York, com suas infindáveis atrações para turistas de todas as idades, merecera a atenção dos nossos editores. Lembro-me de tremer como uma estagiária quando propus a idéia ao Milton, que eu conhecia apenas por telefone. Mas ele, com sua visão e experiência, não hesitou um momento sequer. Enxergou longe, e o nosso projeto deu tão certo, e foi tão oportuno, que acabou na lista de best-sellers da revista *Veja*. As estrelas deviam estar alinhadas na posição mais favorável do céu; nunca precisei bater em outra porta.
Katia Zero, Autora dos "Guias de New York"

O VENDEDOR DE LIVROS

O VENDEDOR DE LIVROS
MILTON ASSUMPÇÃO

m.Books

M.Books do Brasil Editora Ltda.
Rua Jorge Americano, 61 - Alto da Lapa
05083-130 - São Paulo - SP - Telefones: (11) 3645-0409/(11) 3645-0410
Fax: (11) 3832-0335 - e-mail: vendas@mbooks.com.br
www.mbooks.com.br

© 2010 M.Books do Brasil Editora Ltda. Todos os direitos reservados. Proibida a reprodução total ou parcial. Os infratores serão punidos na forma da lei.

Dados de Catalogação na Publicação

Milton Mira de Assumpção Filho

O Vendedor de Livros – Histórias e Cases de Marketing de um Mundo Real
2010 – São Paulo – M.Books do Brasil Editora Ltda.
1. Marketing   2. Administração   3. Estratégia

ISBN: 978-85-7680-080-4

Editor: Milton Mira de Assumpção Filho

Produção Editorial: Beatriz Simões Araújo
Coordenação Gráfica: Silas Camargo
Capa: Douglas Lucas
Editoração e Projeto Gráfico: Crontec
Impressão: Gráfica Paym

2010
Proibida a reprodução total ou parcial.
Os infratores serão punidos na forma da lei.
Direitos exclusivos cedidos à
M.Books do Brasil Editora Ltda.

"Ainda que eu falasse as línguas dos homens e dos anjos, e não tivesse amor, seria como o metal que soa ou o sino que tine...E ainda que tivesse o dom da profecia, e conhecesse todos mistérios e toda ciência, e ainda que tivesse toda a fé, de maneira tal que transportasse os montes, e não tivesse amor, nada seria. E ainda que distribuísse toda minha fortuna para os sustento dos pobres, e ainda se entregasse meu corpo para ser queimado, e não tivesse amor, nada disso me aproveitaria."
(1 Coríntios, 13:1-3)

À
Ruth, Natalia e Isadora

Este livro foi selecionado, aprovado e recomendado pela ACADEMIA BRASILEIRA DE MARKETING.

A ACADEMIA BRASILEIRA DE MARKETING é uma iniciativa e propriedade intelectual do MADIAMUNDOMARKETING, idealizada no final dos anos 1990 e institucionalizada em março de 2004.

Tem como MISSÃO: identificar, selecionar e organizar as melhores práticas do MARKETING mundial e disseminá-las no ambiente empresarial brasileiro, garantindo o acesso às mesmas, muito especialmente das micros, pequenas e médias empresas, no sentido de contribuir, decisivamente, para seus sucessos e realizações na luta pela sobrevivência e crescimento.

Tem como VISÃO: tornar todas as empresas brasileiras extremamente competitivas pela adoção e implementação das melhores práticas do MARKETING, resultando, por decorrência, no desenvolvimento econômico e social do país.

Seu ENTENDIMENTO DO MARKETING: mais que uma caixa de ferramentas, é o de tratar-se de ideologia empresarial soberana e consagrada, presente nas empresas que buscam, de forma incansável e permanente, conquistar, desenvolver e preservar clientes, e crescer, sempre, e, preferencialmente, através dos próprios clientes.

Agostinho Gaspar
Alex Periscinoto
Álvaro Coelho da Fonseca
Amália Sina
Antonio Jacinto Matias
Armando Ferrentini
Carlos Augusto Montenegro
Chieko Aoki
Cristiana Arcangeli
Edson de Godoy Bueno
Eduardo Souza Aranha
Elcio Aníbal de Lucca
Francisco Alberto Madia de Souza
Francisco Gracioso
Gilmar Pinto Caldeira
Guilherme Paulus
Ivan F. Zurita

João De Simoni Soderini Ferracciù
José Bonifácio de Oliveira Sobrinho
José Estevão Cocco
José Victor Oliva
Lincoln Seragini
Luiz Antonio Cury Galebe
Luiz Carlos Burti
Marcelo Cherto
Marcos Henrique Nogueira Cobra
Miguel Krigsner
Milton Mira de Assumpção Filho
Nizan Guanaes
Pedro Cabral
Peter Rodenbeck
Régis Dubrule
Viviane Senna
Walter Zagari

SUMÁRIO

INTRODUÇÃO 21
    O executivo de marketing... 21
    Como o livro está organizado 22
    A quem se destina 22
    Boa leitura. *Enjoy*!... 23

DE LIVRO EM LIVRO 25
    De castigo na biblioteca em Viradouro 25
    McGraw-Hill: onde tudo começou..................................... 25
    O início do problema 26
    Em Portugal, editor por necessidade................................... 27
    Importar e vender mais livros em inglês 28
    Iniciar uma produção editorial em Portugal: meu primeiro livro............. 28
    Brasil: um novo desafio 29
    Mudança de rumo na McGraw-Hill 30
    Uma nova tecnologia: a computação 31
    "McGraw-Hill decide sair do Brasil"................................... 32
    O desafio da liberdade 33
    O renascimento da editora... 33
    IBM-PC e seus compatíveis: a era de informática 34
    A reserva de mercado: uma oportunidade de ouro 35
    Uma fábrica de manuais técnicos 36
    Fluxo de caixa: problema resolvido 36
    Livros de negócios: nova oportunidade de investimento 37
    Uma nova marca: Makron Books 38

O marketing da nova marca 39
A consolidação do sucesso 40
A volta das editoras internacionais... 40
Preparando a venda da empresa 41
M.Books: um novo começo.. 42
A nova marca 42
A linha editorial 43
Dois mil produtos novos.. 44
O que é essencial para a criação de um case de sucesso? 45

HISTÓRIAS E *CASES* 47

Marketing de Guerra.. 47
Mailing list: linha direta com os leitores.. 50
    O leitor não sabia o que estava comprando 51
    O vendedor não sabia o que estava vendendo 52
    Soluções encontradas que mudaram o marketing 52
    O leitor precisa entrar na livraria com a decisão tomada 52
O jornal *Makron Books Informa*.. 53
    Treinamento dos balconistas das livrarias 54
    A fixação da marca.. 55
    O design das capas 56
Feiras de informática.. 56
    A Fenasoft e a Comdex... 58
    O estande 58
    Exposição dos livros 60
    Atendimento pessoal... 60
    18 vendedoras... 60
    Profissionais de suporte técnico 62
    Vendas regulares 62
    Vendas e promoções especiais.. 64
    O caixa... 66
    Segurança e reposição dos livros 67
    Resultados das vendas 67
    Benefícios adicionais 67
Leitura dinâmica e memorização 70

Entre mulatas e odaliscas	72
A Coleção Schaum	73
Comprometimento de vendas	75
Palestra temática	76
Dicas e Truques	78
Série *Lite* – Informática	80
A série *Idiot's Guide* e o professor aloprado	83
O professor aloprado	84
O *case* da série *Incrível – Idiot's Guide*	85
O título da série	87
Casa da Cultura no Rio de Janeiro	87
O projeto da Casa da Cultura	89
Casa da Cultura: o lado cultural	91
A inauguração	92
Projetos especiais derivados da Casa da Cultura	92
Jeremy Rifkin e *O Fim dos Empregos*	93
A estratégia de lançamento	94
Mudança no rumo político	96
Meu pé de jabuticaba	98
Empresa cidadã	100
Ecologia e meio ambiente	101
Associamo-nos a ONGs de preservação da Mata Atlântica e do Banhado do Taim e ao Greenpeace	102
Responsabilidade social: comunidades e instituições	102
Responsabilidade social: cultura	102
Responsabilidade social: esportes	103
Networking: as tartarugas do Projeto Tamar	104
O prêmio não dito	107
Todas as Copas do Mundo	112
O lançamento em Nova York	115
Edição especial: Brasil, Campeão do Mundo!	116
Futebol no mar	117
Pelé, o Supercampeão	120
A seleção de fotos	121
A foto da capa	121
Meu primeiro encontro com o Rei	121

Lançamento do livro do Rei 123
O lançamento na Casa Rosada 123
O lançamento na faculdade 124
Pelé, o Supercampeão em espanhol 125
Guia de New York, de Katia Zero... 125
Guia de New York – Fashion 129
O Livro dos Vampiros 131
Uma linha editorial fora do foco e do tempo 133
    Hoje seria um sucesso 136
Entre corridas de táxi 136
    O taxista de Gana 136
    O taxista de São Paulo 138
Michael Bloomberg: o livro e o cafezinho 138
Kevin Roberts e as *Lovemarks*... 140
São Paulo, 450 Razões para Amar.. 142
    O projeto do livro 142
    A escolha dos nomes.. 142
    As perguntas e o desenvolvimento do projeto........................ 143
    Ilustração e fotos 145
    O lançamento no Museu da Casa Brasileira 145
    Local, coquetel, valet e segurança.. 146
    Os convites 146
    A recepção dos convidados.. 147
    O cerimonial 147
    Promoção, divulgação e vendas.. 149
    A Bienal do Livro de São Paulo.. 149
A Bíblia de Vendas e outras Bíblias 151
    A Bíblia – Outra história 152
    Voltando à *Bíblia de Vendas*.. 153
Promoção de vendas – o fitilho vermelho.. 155
A promoção era só dentro das livrarias 157
    Os vendedores de sapatos 159
    A decisão certa, na hora certa 160
Brasil Japão, 100 Anos de Paixão 160
    O projeto e o conteúdo 161
    A escolha dos nomes.. 161

 As perguntas 162
 Mudança de rumo 163
 Ilustrações e fotos...165
 O produto final...165
 Plano de marketing: o lançamento..166
 Os convidados 166
 O evento 167
 O cerimonial 167
 Promoção, divulgação e distribuição 168
 Lançamento em Ribeirão Preto 168
 Resultado de vendas – Brinde do Banco Itaú 170
Palavra Final 171
Curriculum profissional do autor..173

INTRODUÇÃO

O EXECUTIVO DE MARKETING

Minha intenção com este livro não é emitir ou desvendar os princípios básicos e fundamentais do marketing, mesmo porque o americano Philip Kotler, um dos principais especialistas em negócios do nosso tempo, já soberanamente ensina os conceitos e fundamentos necessários para um início de aprendizado e, principalmente, para a formação acadêmica.

Não tenho também a pretensão de analisar ou comentar *cases* de empresas nacionais e internacionais que já foram ou estão sendo dissecados, de forma competente, por autores consagrados como Al Ries, Jack Trout, Francisco Madia e Marcos Cobra, entre outros.

Meu objetivo com este livro é discorrer sobre histórias e *cases* colhidos e anotados no decorrer de minha trajetória profissional como diretor geral da McGraw-Hill do Brasil e de Portugal, como criador, editor e presidente da Makron Books, como presidente da Pearson Education e, atualmente, como editor e presidente da M. Books.

Nos últimos 30 anos, estive totalmente envolvido com a publicação de livros. Esse trabalho me proporcionou a oportunidade de utilizar e aplicar todas as ferramentas de marketing disponíveis na criação, promoção, divulgação, venda e distribuição de um produto. Em outras palavras, todas as ações estratégicas exigidas e necessárias para que meu produto tivesse a melhor aplicação do marketing.

Tenho a satisfação de ter participado, como editor, da publicação de 2 mil títulos, 300 deles de autores brasileiros – em muitos casos, o primeiro livro desses autores. No âmbito internacional, publiquei e ajudei a divulgar autores brasileiros na Espanha, no México, na Colômbia e nos Estados Unidos.

Toda essa minha trajetória profissional me dá respaldo e confiança para publicar as histórias e os *cases* vivenciados por mim ao longo destes anos.

COMO O LIVRO ESTÁ ORGANIZADO

O texto começa com uma Introdução, onde conto um pouco de minha trajetória profissional e das empresas McGraw-Hill, Makron Books, Pearson e M. Books, cujas histórias se interligam. A narrativa aborda, também, o início dos mercados de livros de negócios e informática no país, bem como a atuação das editoras internacionais no mercado editorial brasileiro.

Na seqüência, apresento histórias e *cases* provenientes de ações de lançamentos de produtos (livros) e a utilização de todas as ferramentas de marketing disponíveis e aplicáveis a cada ação específica.

As histórias e os *cases* são expostos de uma forma simples, não técnica, facilitando a compreensão e o entendimento pelos leitores. Ao fim de cada *case*, faço comentários sobre as ferramentas de marketing utilizadas e os objetivos alcançados.

A QUEM SE DESTINA

Por se tratar de um texto de histórias e *cases* de marketing, este livro é dirigido a quatro públicos-alvo bem definidos:

1) Professores universitários em cursos de MBAs
   O texto aborda histórias e *cases* brasileiros, de forma simples, prática e objetiva. Em suas aulas, os professores poderão utilizar o livro inteiro ou no decorrer do semestre ou do ano letivo, valendo-se das histórias e dos *cases* para sua fundamentação teórica, debates, exemplos e exercícios.
   O livro dá aos professores a oportunidade de abordarem uma visão histórica do marketing.

2) Estudante universitário, técnico e de MBAs
   Em conseqüência de sua destinação anteriormente citada aos professores, este livro pode ser adotado e indicado para estudantes de marketing, propaganda, publicidade, design, relações publicas e de diversas outras áreas de comunicação e ciências humanas.

É indicado também para estudantes da área de Exatas interessados no aprendizado e no conhecimento da área de comunicação e marketing.

3) Profissionais de marketing e áreas correlatas
Como os textos são totalmente baseados em *cases* brasileiros e do mundo real, este livro será de grande utilidade para profissionais de todas as áreas de comunicação e marketing. Nas histórias relatadas, eles poderão identificar similaridades com seus negócios, com seus produtos e com suas próprias vidas profissionais. Poderão ainda fazer analogias com seus próprios *cases*, ou com ações de marketing que tenham colocado em prática, ou então utilizá-los como exemplos para novas ações.
Para os mais novos e em início de carreira, este livro poderá ajudá-los no aprendizado e na formação profissional.

4) Autores, companheiros, colaboradores e amigos
Este livro é um registro histórico importante e, por isso, acredito que deveria ser lido por vários dos personagens, autores, companheiros, colaboradores e amigos que vivenciaram comigo todas essas histórias e *cases*.
Espero que cada um identifique suas participações diretas ou indiretas e possam recordar suas contribuições efetivas nos *cases* descritos no livro.

BOA LEITURA. *ENJOY!*

É importante frisar que o objetivo deste livro é registrar uma experiência profissional, graças a Deus, bem-sucedida. Como editor, eu sempre entendi que um dos grandes méritos dos autores de livros é a socialização da informação. Durante anos, um autor armazena conhecimentos, por meio de sua formação acadêmica e práticas profissionais. Quando decide colocar em um texto toda sua experiência profissional e publica um livro, ele está socializando seu conhecimento. Está colocando à disposição dos leitores anos e anos de práticas e conhecimentos profissionais.

Cabe ao leitor, então, absorver e aplicar a informação, obviamente, adequando-a às necessidades e condições de cada um.

É dentro desse espírito que estou publicando este livro. São 30 anos de atividade profissional. Durante esse tempo, como já foi dito, publiquei, como editor, cerca de 2 mil títulos. Pratiquei marketing em todos eles. Cada um exigiu uma ação de marketing específica. Foi como tivesse lançado 2 mil produtos novos no mercado. São muitos anos de "janela"!

Eu gostaria, sinceramente, que todos apreciem o livro, desfrutem dele e, principalmente, utilizem, na medida do possível, as informações profissionais e pessoais nele contidas.

Boa leitura. *Enjoy*!

DE LIVRO EM LIVRO

DE CASTIGO NA BIBLIOTECA EM VIRADOURO

Antes de tudo, eu queria contar um pouco sobre meu amor pelos livros e meu hábito de leitura. Minha mãe, Da. Francisca, era bibliotecária do Ginásio Estadual de Viradouro, uma cidade no interior do Estado de São Paulo, onde nasci e passei a infância.

Ela também dava aulas de Português e tinha uma biblioteca em casa. Era lá que eu a via mexendo o tempo todo com os livros, organizando, catalogando, lendo. E era lá também que ela me colocava de castigo por algumas horas, quando eu merecia.

Eu ficava sentado, olhando minha mãe trabalhar, e para que o tempo passasse mais depressa, pegava um livro para ler. Muitas vezes, o tempo do castigo já havia acabado, mas eu preferia continuar a ler.

Meus irmãos e até meu pai foram influenciados por minha mãe e tornaram-se leitores assíduos. Durante toda a infância, adolescência e juventude, a leitura e os livros fizeram parte de minha vida.

MCGRAW-HILL: ONDE TUDO COMEÇOU

Trabalhei sete anos na Phillips Petroleum como *controller* e fui demitido para dar lugar a um americano que havia se casado com uma brasileira e veio viver no Brasil.

Em busca de um novo emprego, eu estava sendo entrevistado para o mesmo cargo de *controller* em duas empresas: em uma fabricante de produtos químicos derivados de petróleo, onde teria um melhor salário, e na editora McGraw-Hill. Na época, a editora aparecera em destaque nos jornais por uma gafe que havia cometido – a compra dos direitos autorais de uma suposta biografia do aviador e bilionário americano Howard Hughes.

Era a primeira oportunidade que eu teria de trabalhar na área editorial.

A McGraw-Hill tinha se instalado no Brasil havia não mais do que três anos. Seu foco eram livros universitários, tendo como best-sellers a Coleção Schaum, com livros principalmente na área de Exatas. Essa série caracteriza-se por ter 30% de seu conteúdo composto por textos com explicações e fundamentação do tema, enquanto os 70% restantes eram exercícios práticos. Os professores adoravam, pois, para eles, ensinar por meio de exercícios era uma forma de transmitir e fixar melhor o conhecimento.

Os primeiros sete anos da editora no Brasil foram de sucesso crescente, pois, além de traduzir livros universitários bem-sucedidos e adotados nos Estados Unidos, a empresa começou a publicar obras de autores brasileiros, sempre da área universitária.

O INÍCIO DO PROBLEMA

Estimulada pelos bons resultados, a McGraw-Hill decidiu diversificar sua produção editorial, investindo na área de Humanas, em que não tinha a imagem editorial necessária junto ao leitor. Paralelamente, apoiada nas vendas crescentes, a empresa obteve da matriz americana a aprovação do projeto de construção de uma sede própria no condomínio Alphaville, na época, um local de difícil acesso a cidade de São Paulo.

Após três anos, as metas de vendas não foram alcançadas e o custo operacional do prédio em Alphaville passou a pesar muito nos resultados da editora. Os pagamentos de juros e principal dos empréstimos contraídos para a construção da sede deixaram de ser honrados. As vendas começaram a cair gradativamente, o que pressionou o fluxo de caixa.

Com a mudança do foco editorial, a editora parou de publicar livros universitários de Exatas, que poderiam garantir a manutenção ou mesmo o crescimento do nível de vendas.

Meu poder de decisão e atuação como *controller* na época era bastante limitado. Apesar de apresentar nos relatórios uma análise clara, fria e real dos resultados, de alertar e fazer prognósticos sobre o rumo que a empresa estava tomando, meu poder sobre os investimentos e gastos na área editorial era zero.

A produção editorial corresponde ao desenvolvimento e à criação de um produto nas empresas – é preciso criar e desenvolver o produto certo e desejado pelo consumidor, para que ele seja absorvido pelo mercado.

O departamento de promoção e vendas da McGraw-Hill era muito competente, mas o produto não ajudava. Por mais eficiente que seja o departamento de vendas, ninguém consegue vender um produto ruim ou que ninguém quer.

Após anos de insucesso, os americanos resolveram efetuar mudanças na área editorial e na diretoria geral da filial brasileira. A empresa voltou seu foco para os textos universitários, enfatizando a área de Exatas e um pouco de Humanas que havia dado certo. Trabalhamos duro para recuperar o tempo perdido. Vendemos o prédio em Alphaville para a Fotóptica e trouxemos a editora de volta a São Paulo.

Um ano depois, fui promovido e conduzido ao cargo de diretor geral da McGraw-Hill de Portugal.

EM PORTUGAL, EDITOR POR NECESSIDADE

A população de Portugal equivale à da Grande São Paulo. Embora esse país tenha, proporcionalmente, um índice maior de leitores do que o Brasil, os números de vendas são muito pequenos em termos absolutos.

As vendas se baseavam na importação de livros publicados pela McGraw-Hill do Brasil e da Inglaterra. O leitor português tem muita familiaridade com os idiomas inglês, francês e espanhol. Ele tinha resistência, no entanto, ao português do Brasil. Essa oposição só diminuiu depois que as novelas da TV Globo começaram a fazer sucesso entre os portugueses.

Como um alto percentual do faturamento era obtido com as vendas de livros publicados no Brasil, principalmente de Exatas, acompanhávamos de perto a produção editorial brasileira.

Nesse período houve uma evolução na área de Humanas, e vários cursos e escolas foram abertos para atender à nova demanda. Para se ter uma ideia, foi nessa época que uma faculdade em Portugal ofereceu, pela primeira vez, um curso de Administração, lá chamada de Gestão. Convidei então o professor Idalberto Chiavenato para uma série de palestras em Lisboa, Coimbra, Porto, Évora e Faro. Ele aproveitou para apresentar seu novo livro, *Introdução à Teoria Geral de Administração*, que ainda hoje faz parte da bibliografia obrigatória por lá.

Para dar atenção a essa nova demanda por livros de Humanas, a McGraw-Hill do Brasil contratou um editor com essa especialização e, de novo, durante um período importante, os livros de Exatas, que eram os carros-chefes da editora, foram relegados a segundo plano.

Ao ver o programa editorial que estava sendo desenvolvido para Portugal, reclamei para a matriz. Além de serem de Humanas, os textos eram totalmente voltados para o mercado brasileiro. A resposta que obtive foi que o mercado do Brasil era prioritário e eu deveria tentar vender esses livros em Portugal assim mesmo. Seria impossível.

Como eu tinha objetivos de vendas a atingir, tomei duas decisões:

1) Importar e vender mais livros em inglês.
2) Iniciar uma produção editorial em Portugal.

IMPORTAR E VENDER MAIS LIVROS EM INGLÊS

Viajei a Londres com o intuito de conversar com o pessoal do editorial e vendas da McGraw-Hill da Inglaterra e prospectar livros que eu pudesse vender em Portugal. Voltei com dois ótimos resultados: selecionei alguns bons livros que eles tinham em excesso no estoque e importei por um preço muito bom, com um prazo longo para pagar.

Importei alguns textos da série *International Student Edition*, que são livros universitários americanos publicados na Índia e vendidos a preços mais populares a países de economia menos desenvolvida. Em geral, essas séries são comercializadas para países da África, Ásia e América do Sul, incluindo o Brasil.

Convenci a matriz de que Portugal também era um país com necessidades econômicas.

INICIAR UMA PRODUÇÃO EDITORIAL EM PORTUGAL: MEU PRIMEIRO LIVRO

Nosso trabalho de promoção e divulgação de livros universitários nas universidades de Portugal criava oportunidades para nos relacionarmos com personalidades importantes daquele país.

A McGraw-Hill era a única editora americana instalada e ativa em Portugal. Por essa razão, tínhamos as portas abertas. Além disso, pelo fato de Portugal ser um país pequeno, a figura do diretor geral da McGraw-Hill ocupava uma posição de destaque. Esse título abria portas importantes não só nas universidades, como também nas repartições públicas. Mais de uma vez visitei o professor Cavaco Silva, então presidente do Banco de Portugal, que equivale ao nosso Banco Central. Numa das ocasiões, levei-lhe como cortesia um novo livro de Economia, de autoria do americano Richard Musgrave, de quem Cavaco Silva tinha sido discípulo quando fez seu doutorado nos Estados Unidos.

Um dos promotores me havia dito que o professor doutor Bento Murteira, catedrático de Estatística da Universidade de Lisboa, tinha uma apostila muito boa, que estava sendo adotada pelos alunos, e que ele havia se oposto à adoção do nosso best-seller *Estatística*, de Murray Spiegel.

Falei com Murteira e convenci-o a publicar seu livro. Esse foi o primeiro livro que publiquei: *Estatística Básica*, de Bento Murteira.

Publiquei depois mais dois livros de Exatas do mesmo autor e dois outros livros, *Pesquisa Operacional I e II*.

Assim iniciei minha carreira profissional de editor e um programa editorial próprio em Portugal.

BRASIL: UM NOVO DESAFIO

Era verdade que o mercado de livros universitários estava propício à publicação de livros de Humanas. A estratégia estava correta. No entanto, houve enganos quanto à dosagem. Foram publicados muitos livros de Humanas e poucos de Exatas. Além disso, os livros lançados de Humanas não conseguiram receber as adoções ou indicações que esperávamos nas universidades. Os resultados de vendas não estavam sendo alcançados.

Além da situação particular da editora, o mercado não ajudava. O momento era de crise econômica, com greves constantes nas faculdades, tanto de alunos como de professores.

A pressão por parte dos executivos dos Estados Unidos começou a ser sentida. A McGraw-Hill do Brasil não conseguia se manter com seu próprio fluxo de caixa e precisava receber uma contribuição financeira mensal. Mês a mês, a editora acumulava prejuízos, apesar dos esforços do diretor local e do pessoal de vendas.

Como era um executivo de carreira internacional, o diretor geral da McGraw-Hill no Brasil negociou sua transferência para a matriz em Nova York. Com a vaga em aberto, ofereceram o cargo a mim. Eu estava muito bem em Portugal, mas achei que era uma boa oportunidade profissional e decidi aceitar.

Após quase dois anos trabalhando em Portugal, retornei como diretor geral da McGraw-Hill do Brasil. Na época, o clima era de "o último que sair apague a luz", ou "deixe-me pular fora antes que o barco afunde". Ou seja, um clima altamente "motivador"!

Foi a partir daí que aconteceu minha carreira profissional e tudo o que você vai ler nas histórias e nos *cases* a seguir.

MUDANÇA DE RUMO NA MCGRAW-HILL

Depois de efetuar mudanças na área administrativa, definindo quem queria ou deveria continuar a ajudar nesse desafio, estabeleci como prioridade uma avaliação e reformulação de nosso catálogo de livros.

Em linhas gerais, verificamos que 20% dos livros representavam 80% das vendas. E, desses 20%, a grande maioria eram livros de Exatas. Havia, no entanto, alguns bons best-sellers da área de Humanas. Era preciso um equilíbrio maior na produção editorial.

Outro problema grave era o fluxo de caixa. Os livros de maior apelo eram universitários, com uma grande concentração de vendas em fevereiro, março e agosto, início dos períodos escolares. Nos demais meses, as vendas despencavam. Por outro lado, a editora tinha despesas que se repetiam todos os meses, como salários, benefícios, aluguel, luz, telefone e material de escritório. Precisávamos ter fevereiro e março muito bons de vendas para compensar as despesas fixas dos meses seguintes. O mesmo ocorria em agosto em relação aos meses seguintes.

Eu disse anteriormente que, em meados dos anos 1980, vivíamos um momento de crise econômica e, com freqüência, ações políticas resultavam em greves de estudantes e professores, cada qual com suas reivindicações. Tudo isso fazia com que o início do ano letivo atrasasse e, em conseqüência, não ocorriam as vendas programadas para o período, impactando negativamente o fluxo de caixa ainda mais.

Era preciso, então, criarmos uma nova linha de livros, que pudéssemos vender o ano inteiro, independentemente do período escolar, e que contribuísse mensalmente com o fluxo de caixa.

Nessa época, ainda dependíamos do suporte financeiro da McGraw-Hill Internacional para honrarmos nossos compromissos, e a pressão da matriz, em Nova York, era intensa.

UMA NOVA TECNOLOGIA: A COMPUTAÇÃO

Antes mesmo de o americano Steve Jobs lançar o primeiro computador pessoal, o Apple I, eu já tinha colocado meus olhos de editor em temas de "computação", relacionados aos mainframes. Quando os computadores pessoais começaram a ser fabricados e comercializados, decidi que era essa a linha editorial na qual eu deveria apostar.

Um dado curioso: quando anunciei que iríamos publicar livros nessa área, o editor que junto comigo era responsável pela produção editorial não concordou e fez vários questionamentos, dizendo, inclusive, que computação era só um "modismo". Eu lhe disse apenas:

— Vamos em frente com essa nova linha de produto. Se você quiser, ótimo. Se não, contrato alguém que me ajude.

Ele pediu demissão no dia seguinte. Com isso, fiquei livre para inovar.

Os primeiros livros que publicamos foram para os usuários do Apple I, sobre o sistema operacional COM, o processador de textos Wordstar, a planilha eletrônica Visicalc e o banco de dados DBase II.

Ao mesmo tempo, publicamos livros técnicos de linguagem de máquina como Z80, 8085 e 8088. Eram livros para profissionais, que brincávamos ser "escovadores de bits".

À medida que publicávamos os livros, essa linha editorial se mostrava tremendamente estratégica. Lançávamos o livro em um dia, e no dia seguinte já estava à venda nas livrarias. Havia uma procura enorme pelo conhecimento dessa nova tecnologia, tanto na área profissional quanto na estudantil.

Passamos a ter uma contribuição efetiva de dinheiro para nosso fluxo de caixa mensal.

Foi então que ocorreu algo que mudou totalmente minha vida profissional.

"MCGRAW-HILL DECIDE SAIR DO BRASIL"

Esse foi o título que a *Folha de S.Paulo* deu para uma entrevista feita comigo, anunciando que a McGraw-Hill estava indo embora do Brasil.

Vamos retornar 30 dias antes dessa entrevista.

Apesar de mostrarmos sinais visíveis de recuperação, o período que antecedeu minha volta ao Brasil foi bastante desgastante para os executivos da divisão internacional da McGraw-Hill. A pressão que sofriam da corporação chegou a um nível insuportável.

Nossas receitas eram crescentes, mas seriam necessários 12 meses, no mínimo, para equilibrarmos as entradas e saídas de caixa. Os projetos editoriais são sempre de médio e longo prazo, e não havia mais tempo para esperar, segundo a corporação.

Recebi então a visita de dois advogados e do *controller* da divisão internacional. Eles vieram para encerrar as atividades da editora no Brasil. Em nossa primeira reunião, foram direto ao assunto:

—Viemos fechar o escritório.

Tentei argumentar dizendo que havíamos feito modificações importantes na linha editorial que já estavam refletindo positivamente no fluxo de caixa. Em vão.

— O Brasil é um país de futuro, e sempre será — disse um deles.

Falei-lhes dos quase 40 funcionários que perderiam o emprego, e um deles disse que todos seriam indenizados e que eu não precisava me preocupar, pois, no *status* de executivo internacional, eu seria aproveitado em outra unidade no México ou nos Estados Unidos.

Continuei argumentando, tentando demovê-los da decisão. Foi quando o *controller* me disse:

— Milton, sinto muito, mas a decisão já foi tomada pela corporação e não podemos fazer nada. Viemos somente tratar dos trâmites burocráticos.

Eu insisti dizendo que era uma pena, levando-se em conta tudo que eu tinha feito naqueles últimos 15 meses.

Foi então que um dos advogados me perguntou:

— Por que você não investe seu dinheiro e fica com a editora?

Ele explicou que a empresa poderia transferir a editora para meu nome por um valor quase simbólico, desde que eu assumisse os ativos e passivos correntes, incluindo as dívidas trabalhistas.

Pedi até o dia seguinte para responder-lhes e consultei minha família. Eu estava abrindo mão de uma carreira bem-sucedida e reconhecida de executivo internacional na McGraw-Hill. Mas eu confiava em meu trabalho e acreditava que poderia dar certo. Resolvi aceitar a oferta.

Um mês depois, realizados todos os trâmites legais, eu era o dono da McGraw-Hill do Brasil.

O DESAFIO DA LIBERDADE

Durante todos os anos que trabalhei como executivo de uma empresa internacional, tive de prestar contas a um superior e preparar uma série de relatórios. Todos sabem o tempo que se perde preenchendo e preparando relatórios que, muitas vezes, nem são lidos. Por outro lado, era confortável ter a quem reportar ou alguém que cobrasse números, resultados e relatórios.

E, de repente, eu estava sozinho. Sem ninguém para reportar ou para me apoiar. Eu era o dono, o chefe, dependia só de mim, e eu não tinha tempo para absorver gradativamente a nova situação. Eu sabia que não haveria uma matriz no exterior para me remeter dinheiro para o fluxo de caixa. Era preciso vender, receber e gerar o caixa necessário para tocar a editora.

Eu havia adquirido uma liberdade que era um desafio enorme.

Eu não teria também o cheque de salário depositado religiosamente no fim do mês em minha conta. Os primeiros seis meses foram de muitas dificuldades. Nesse período, não fiz qualquer retirada de pró-labore. Ao contrário, ainda tive de aplicar dinheiro de minhas economias.

Mas encarei o desafio da liberdade com força, confiança e motivação.

O RENASCIMENTO DA EDITORA

O fato de poder tomar as decisões sem necessidade de aprovação de superiores deu maior agilidade à execução das ações. Além disso, por não ter de preparar relatórios, responder a correspondências e telefonemas demorados de superiores, passei a dispor de mais tempo para trabalhar na produção e nas vendas dos livros.

Acredito que foram esses os principais motivos do sucesso da editora, que ressurgiu das cinzas.

IBM-PC E SEUS COMPATÍVEIS: A ERA DE INFORMÁTICA

Como disse anteriormente, eu tinha iniciado a publicação bem-sucedida de livros de "computação" voltados para os computadores pessoais Apple. Outros micros de 8 bits tinham sido lançados para concorrer com o Apple. Os TKs e MSXs eram simples, menores, mais baratos, mas com muito menos capacidade. No entanto, os livros publicados para os usuários dessas máquinas vendiam muito bem, pela escassez de informação e apoio técnico no mercado.

Foi então que a IBM lançou o primeiro micro de 16 bits, o IBM-PC. Como eu já tinha uma linha editorial consolidada na área, achei que deveria investir nesse novo produto. Assim, em 1985, publiquei os quatro primeiros livros para o IBM-PC em português para o mercado brasileiro: o *IBM-PC e seus Compatíveis, Guia do Usuário*, que apresentava e ensinava o usuário a compreender e utilizar a máquina, o hardware; o *MS/DOS, Guia do Usuário*, que mostrava como funcionava o sistema operacional; o *Lótus 1-2-3, Guia do Usuário*, sobre o software mais utilizado na época, a planilha eletrônica; e, finalmente, o *DBase III* e, posteriormente, *DBase III Plus*, o banco de dados campeão de vendas.

Esses quatro livros ficaram durante vários meses como as únicas obras para IBM-PC em português para o mercado brasileiro. A alavancagem das vendas foi enorme. Passamos a realizar vendas de janeiro a dezembro e resolvemos o problema do fluxo de caixa.

A partir desses quatro livros e da consolidação dos microcomputadores de 16 bits, coloquei uma ênfase maior na publicação de livros para esse mercado, que, a partir de então, deixou de ser "computação" para virar "informática", abrindo possibilidades imensas para a publicação de livros nessa área. Paralelamente aos títulos sobre os aplicativos e sistema operacional, lançamos livros sobre linguagem e hardware, voltados para programadores, técnicos e profissionais da área.

Em pouco tempo, nossa linha editorial e nossa mudança estavam sendo reconhecidas pelo mercado.

É importante frisar que, nesse período, não deixamos de publicar e trabalhar a linha de livros universitários, que continuava a representar uma importante fatia nas vendas da editora.

A RESERVA DE MERCADO: UMA OPORTUNIDADE DE OURO

Nesses primeiros anos do mercado de informática, o governo brasileiro instituiu um decreto protecionista, que proibia a importação de microcomputadores de qualquer origem, com a justificativa de que isso incentivaria a produção interna. Além disso, determinou que as empresas públicas federais, estaduais e municipais utilizassem, obrigatoriamente, microcomputadores produzidos no Brasil.

Ocorre que, nessa época, poucas empresas no país estavam desenvolvendo um microcomputador próprio, e as pesquisas em curso nas universidades não apresentavam resultados suficientes para a materialização de um plano de negócio. Surgiram então dezenas de "fabricantes" de micros que utilizavam a clonagem das máquinas produzidas nos Estados Unidos. Em dado momento, chegamos a ter 145 marcas de microcomputadores brasileiros, com no máximo dez fabricantes locais.

Alguns desses fabricantes produziam os micros mediante acordos com indústrias estrangeiras, enquanto outros praticavam a clonagem pura e simples. O governo fechava os olhos para a situação. Revendedores adquiriam os micros dos fabricantes, colocavam suas marcas próprias e vendiam no mercado.

Algumas dessas marcas aproveitavam somente a oportunidade ou algum negócio de ocasião. Por exemplo, uma empresa pública abria uma licitação para a aquisição de 500 micros. Alguém com conhecimento ou influência criava uma marca própria de ocasião, ganhava a licitação, comprava os micros de um fabricante local, colocava sua marca e entregava à empresa pública de acordo com o edital. Depois, mantinha a marca própria viva, aguardando novas licitações.

E como a editora se beneficiou dessa situação?

UMA FÁBRICA DE MANUAIS TÉCNICOS

Não sei bem o que diz a legislação, mas todo aparelho, máquina, eletrodoméstico etc. que você adquire deve vir acompanhado de um manual técnico de instrução. Pois bem, no cenário que descrevi anteriormente, a maioria dos fabricantes e revendedores de micros estava focada na produção das máquinas e precisava, de alguma maneira, resolver a necessidade dos manuais.

Cabe esclarecer que alguns grandes fabricantes desenvolveram seus próprios manuais, mas a maioria deles, não.

A solução encontrada por aqueles que não tinham um manual próprio foi utilizar livros em seu lugar. Como já foi dito, publicamos os primeiros livros para PC no Brasil, incluindo o texto *IBM-PC e seus Compatíveis*, que era perfeito para substituir os manuais. O que fazíamos era simplesmente trocar a capa, customizando-a para cada cliente. O miolo era o mesmo texto do livro original vendido nas livrarias. O livro personalizado era incluído no pacote do hardware. Durante um bom tempo, várias marcas de microcomputadores vendidas no Brasil levaram nosso livro *IBM-PC e seus Compatíveis* como manual técnico.

Essas vendas especiais, somadas às vendas regulares em livrarias, alavancaram tremendamente nossos resultados.

Informática era um sucesso, e decidimos investir ainda mais nessa promissora linha editorial. Estávamos sendo reconhecidos e muito bem avaliados no mercado. Era o momento ideal para consolidarmos nossa liderança na área de livros de informática.

FLUXO DE CAIXA: PROBLEMA RESOLVIDO

Os livros de informática resolveram nosso problema de fluxo de caixa: tão logo eram publicados, já geravam vendas e, automaticamente, traziam dinheiro em caixa.

Os livros universitários, que nunca deixamos de investir, contribuíam com o caixa em meses específicos (fevereiro, março e agosto), enquanto os de informática geravam receita todos os meses.

Passamos, então, a ter mensalmente o saldo de Contas a Receber superior ao de Contas a Pagar. Dessa forma, começou a sobrar dinheiro para novos investimentos.

LIVROS DE NEGÓCIOS: NOVA OPORTUNIDADE DE INVESTIMENTO

Com um fluxo de caixa positivo, eu tinha a oportunidade de investir em uma nova linha editorial. O ideal era algo que casasse com a imagem de livros que estávamos publicando, ou seja, livros com informações úteis para o conhecimento na área universitária e de utilização técnica ou profissional na área de informática.

Na época, algumas editoras americanas estavam investindo na área de negócios. Nós, como outras editoras brasileiras, tínhamos publicado alguns livros nessa área de forma esporádica, não como uma linha editorial propriamente dita. Foi quando descobri nos Estados Unidos o livro *Marketing Warfare*, que caiu como uma bomba em minha cabeça. A obra foi escrita por dois autores não muito conhecidos na época, Al Ries e Jack Trout. Três anos antes, eles tinham publicado outro livro, com o título *Positioning*, lançado no Brasil com sucesso relativo.

A publicação do livro *Marketing Warfare* foi tão importante para mim que o episódio virou um *case* deste livro, sob o título *Marketing de Guerra*.

Quase simultaneamente, descobri outro livro que, para mim, completava a necessidade do conhecimento prático de marketing estratégico. Assim como eu, julguei que outros profissionais poderiam beneficiar-se de sua leitura: *Maximarketing*, de Stan Rapp e Tom Collins.

Com a publicação desses dois livros, iniciei uma nova linha editorial, com foco em marketing, até então uma novidade no país.

Havia já no mercado o livro de Philip Kotler voltado para a área acadêmica, e o professor Marcos Cobra tinha também publicado um ótimo livro de *cases* de marketing. Decidi então focar em livros para a área profissional. Assim, fomos pioneiros na publicação de livros de marketing em diversas áreas específicas: o primeiro livro de marketing de serviços, de franchising, de marketing direto, de marketing pessoal, de marketing de cidades, enfim, de vários temas.

Com o tempo, decidimos expandir a linha de negócios para a área de recursos humanos e lançamos no princípio da década de 1990 uma série de livros que deram início a uma linha específica focada em pessoas no trabalho. Livros tais como *Como Conquistar um Ótimo Emprego e dar um Salto Importante em Sua Carreira Profissional; Como Transformar RH em um*

Centro de Lucratividade, Como Salvar seu Emprego; Como Fazer seu Chefe Trabalhar por Você; Porque seus Subordinados não Fazem o que Você Espera que Eles Façam, que relacionavam o conhecimento e o autodesenvolvimento com a carreira profissional. Posteriormente publicamos relevantes livros como *Downsising* e o clássico *O Fim dos Empregos*. Ainda nessa área, publicamos vários livros importantes do consagrado autor de administração e recursos humanos, Idalberto Chiavenato, que se tornaram best-sellers.

Cinco anos depois de eu ter assumido a McGraw-Hill, a editora já era bem conhecida, bastante lucrativa e contava com três linhas editoriais bem definidas: universitária, informática e negócios. Nossas vendas tinham se multiplicado por dez nesse período.

UMA NOVA MARCA: MAKRON BOOKS

Nesses cinco anos, continuei utilizando o nome McGraw-Hill, pois havia um acordo nesse sentido. Mas achei que estava na hora de ter minha própria marca, ou seja, mudar o nome da editora.

Eu sabia que era uma decisão arriscada, pois nesses cinco anos eu tinha criado duas novas linhas editoriais, informática e negócios, e consolidado a área universitária, e todo o esforço de marketing tinha sido feito com o uso da marca McGraw-Hill.

Era um risco, mas era algo que precisava ser feito. Eu possuía uma ótima editora, mas não possuía a marca. Era preciso, então, criar a marca.

Eu havia tido vários contatos com Al Ries, pois, a essa altura, eu tinha publicado outros livros de sua autoria, além do *Marketing de Guerra*. Ele me dizia que uma marca forte deve ter somente duas sílabas, preferencialmente com as vogais "o" e "a", e, se possível, sem o "i".

Eu tinha também uma preocupação quanto à sonoridade da marca. Eu gostaria que a marca tivesse uma sonoridade parecida com McGraw-Hill e não tivesse qualquer significado. O primeiro pressuposto, então, era que a nova marca iniciasse com MA, pois a pronúncia da palavra McGraw é "MacGró", ou seja, com um "a" entre o "m" e o "c".

MA são também as iniciais de Milton Assumpção, como sou conhecido no mercado.

A partir daí, foi um trabalho mais de combinação de consoantes com vogais, até chegar a Makron. O Books foi acrescentado para que houvesse também uma similaridade no número de sílabas: McGraw-Hill – Makron Books. Era o ano de 1990, agosto.

O MARKETING DA NOVA MARCA

Era preciso, então, massificar a divulgação da nova marca para substituir a outra na mente dos consumidores. Para isso, foram realizadas várias ações. A primeira coisa que fizemos foi uma comunicação oficial ao público por meio de anúncio na mídia. Posteriormente, enviamos uma mala-direta comunicando livrarias, fornecedores, clientes, professores, bibliotecários, enfim, a todos os participantes de nosso mailing.

A nova marca passou a ser impressa em todos os livros e na reimpressão do *back list* na capa e na página de rosto, ou seja, a segunda página interna, onde aparecem o título, o autor e a identificação da editora. Nos primeiros meses, mantivemos a marca McGraw-Hill. Assim, as capas levavam o nome das duas editoras. Depois de alguns meses, deixamos de imprimir o nome antigo da editora.

Criamos um slogan, "Makron Books, Padrão de Qualidade em Livros", que era utilizado em todas as nossas comunicações com leitores, professores e livrarias, em catálogos, mala-direta e peças promocionais.

Criamos um espaço no *Jornal de Manhã*, da rádio Jovem Pan, onde anunciávamos: "A dica de hoje da Makron Books é o livro…".

O jornalzinho/mala-direta mensal passou a ser chamado de *Makron Books Informa*.

Abrimos uma Casa da Cultura Makron Books, no Rio de Janeiro.

Passamos a participar ativamente das feiras de informática, como Fenasoft e Comdex, e de diversas outras feiras de livros de negócios em geral.

Nossos promotores e vendedores das áreas universitárias e profissionais comunicaram e enfatizaram a nova marca em seus contatos diários em universidades, faculdades, escolas técnicas e livrarias de todo o Brasil.

Em pouco tempo, em menos tempo do que esperávamos, a marca Makron Books estava consolidada na mente dos consumidores.

A CONSOLIDAÇÃO DO SUCESSO

Os anos que se sucederam foram de muito sucesso. Publicamos cerca de 12 livros por mês. As vendas eram, ano a ano, crescentes. Éramos líderes na área de livros de informática e negócios e tínhamos um posicionamento competitivo muito forte em livros universitários. Livros como *Promoção de Vendas* (1997), de João de Simoni, *Benchmarking* (1997), de Christopher Bogan, *Marketing Estratégico na Internet* (1997), de Tom Vassos, *Foco* (1997) de Al Ries e Jack Trout, *Capital Intelectual* (1998), de Leif Edvinson e *As 22 Consagradas Leis de Marketing* (1999), de Al Ries e Jack Trout.

Foram contribuições importantes para consolidação da nossa linha editorial. Nesse período, fizemos algumas incursões na área de livros de interesse geral, publicando alguns textos que se tornaram best-sellers, tais como os *Guias de New York*, de Katia Zero, *Enciclopédia das Copas do Mundo* e *Pelé, o Supercampeão*, ambos do autor Orlando Duarte, *Enciclopédia dos Vampiros*, de Gordon Melton, e *Desvendando Quadrinhos*, de Scott McCloud.

A publicação desses livros, além de gerar receita, agregou um grande valor à marca Makron Books.

Este livro inclui *cases* desses sucessos.

Conquistamos oito prêmios Jabutis. Um deles foi o de Melhor Livro de Não Ficção do Ano, com a obra *O Brasil Que Deu Certo* (1994), de Stefan Kanitz.

O reconhecimento da marca se expressava na procura de autores para terem seus livros publicados por nossa editora. Em pouco tempo, a Makron Books era reconhecida e admirada em todo o Brasil e conquistava uma fidelização de leitores, de forma surpreendente.

A VOLTA DAS EDITORAS INTERNACIONAIS

Eu fui sempre de "escutar" profissionais, autores amigos e colaboradores. Como cada um era especialista em sua área, muitas vezes seus conhecimentos, suas idéias, seus comentários e seus conselhos agregavam valores ao direcionamento editorial.

Francisco Madia, Idalberto Chiavenatto, Roberto Duailibi, Harry Simonsen Jr., Marcos Cobra, Eraldo Montenegro, Francisco Gomes de Matos, Nelson Janot Marinho, José Ailton Garcia, José de Arruda, Ricardo Viveiros, Jose Roberto Whitaker Penteado, Armando Ferrentini Jr., Victor Mirshawka, Roberto Troster, Katia Zero, Orlando Duarte, Fred Perkins, Francisco Paulo, João de Simoni, Ricardo Assumpção, Ary Kuflik Benclowicz, José Salibi, José Estevão Cocco, Lincoln Seragini e Philip Ruppel foram alguns autores, e amigos, que dividiram comigo conhecimentos, alegrias e que foram e têm sido integrantes da minha lista de *networking*. Corro um risco aqui de esquecer de nomear alguém importante.

E foi nesse clima que, em uma reunião com dois amigos e mentores, Ronald Degan, autor do livro *O Empreendedor,* e o consultor Odir Pereira, foi feita a seguinte pergunta: "Onde você gostaria de estar daqui cinco anos?".

Eu disse que gostaria de estar trabalhando menos, com menos responsabilidades comerciais e financeiras, utilizando mais o tempo para mim e para minha família. Sugeriram-me então três opções: profissionalizar a gestão da editora, colocando um profissional para assumir minhas funções; reduzir gradativamente o tamanho da empresa; ou vendê-la.

Nessa época, algumas editoras que tinham abandonado o Brasil na década de 1980, vendo agora o sucesso do Plano Real e o controle da inflação, sentiram-se estimuladas a voltar e começaram a prospectar oportunidades.

Comecei, então, a ser procurado por algumas dessas editoras. Em princípio, elas estavam apenas prospectando e buscando entender o comportamento do mercado brasileiro.

PREPARANDO A VENDA DA EMPRESA

Eu tinha decidido que, se recebesse uma boa proposta, deveria vender a Makron Books, e havia razões para isso, além da motivação pessoal. Por isso, era preciso preparar a editora para uma possível negociação. Contratei serviços especializados de contabilidade e advocacia para deixar em ordem os setores contábil, jurídico e tributário, enfatizando os contratos de direitos autorais, impostos e direitos trabalhistas.

Optei por publicar nos anos seguintes mais autores nacionais do que livros traduzidos, pois os direitos autorais desses livros pertencem 100% à editora.

Dois anos depois, editoras americanas, européias e até brasileiras aproximaram-se de mim para uma possível negociação. Em setembro de 2000, vendemos a Makron Books para a inglesa Pearson Education, com o compromisso de que eu ficaria no comando das duas empresas por dois anos. Assinei também documentos com o compromisso de, nos três anos seguintes, não competir publicando livros nas áreas universitária, de informática e de negócios. E assim foi feito. Fiquei como presidente da Pearson Education e da Makron Books até fevereiro de 2002.

M.BOOKS: UM NOVO COMEÇO

Sou um editor de livros, é o que sei e gosto de fazer. Todo meu *networking* está relacionado com essa área, todo meu reconhecimento profissional está ligado ao livro.

É nessa função que pratico marketing e coloco em prática meu lado criativo.

Seis meses depois de me desvincular da Pearson, eu já tinha fundado uma nova editora e, em razão do acordo de não competição, comecei publicando livros na área classificada como *Parenting* – Pais e Filhos e Interesse Geral.

A NOVA MARCA

Dessa vez foi mais complicado criar uma nova marca. Hoje, com a internet, a marca que você cria deve obrigatoriamente ter um endereço disponível para a criação de um site. Quando comecei a pesquisar, descobri que todas as palavras, nomes e termos, inclusive combinações de consoantes, com vogais que eu queria utilizar, por exemplo, MA e MMA, tinham seus domínios na internet já registrados por alguém. Sobrou a letra "M" sozinha. Decidi, então, que seria isto mesmo: M. Books. Para a internet, www.mbooks.com.br.

Lembrava, é claro, a Makron Books. Inclusive, utilizei intencionalmente a mesma tipologia de letras para ficarem parecidas. Eu dependia do meu sucesso na Makron Books para dar continuidade na M. Books.

A LINHA EDITORIAL

Quando expirou o prazo de não-competição com a Pearson, em 2005, voltei a publicar livros na área de negócios, com foco em marketing e em recursos humanos, este último com um subfoco em empregos e liderança. A publicação de livros nessa área exige hoje um foco cada vez mais estreito. Os leitores buscam livros para atender a exigências de conhecimento cada vez mais específicas, livros que os ajudem a tomar ações práticas e inéditas para suas necessidades próprias ou da empresa.

É assim que temos dirigido nossas linhas editoriais.

A linha de livros Pais e Filhos, que era bastante comportamental, passou por uma mudança e hoje focaliza saúde e áreas específicas, como TDA-TDAH, dislexia, autismo e abuso sexual de crianças. São obras voltadas tanto para profissionais e técnicos da área como para mães e pais.

Na área específica de negócios, voltamos a publicar autores consagrados e temas importantes. O livro novo do Francisco Madia, *O Grande Livro de Marketing,* e lançamos também os primeiros livros de *Buzzmarketing e Estratégia de Marcas Próprias.* Relançamos o clássico considerado o primeiro e mais importante livro de marketing de todos os tempos *Posicionamento,* de Al Ries e Jack Trout, entre muitos outros. Tivemos o livro *Marketing de Resultados,* dos autores Abaetê de Azevedo e Ricardo Pomeranz publicada pela McGrawHill nos EUA sob o título *Customer Obsession.* Recentemente publicamos a nova edição do consagrado best-seller *Criatividade e Marketing,* de Roberto Duailibi e Harry Simonsem Jr.

Na área específica de vendas, publicamos o best-seller *A Bíblia de Vendas,* de Jeffrey Gitomer. Dediquei um *case* para o lançamento deste livro.

Recentemente, decidimos investir em uma nova linha de interesse geral, com a publicação de *História da Guerra Civil Americana, Enciclopédia das Guerras* e *50 Líderes Militares que Mudaram a História do Mundo.* As obras possuem o miolo a quatro cores, muitas ilustrações coloridas e capa dura. As vendas estão surpreendendo.

Eu mesmo, nesse ínterim, publiquei quatro livros como autor: *Pais Muito Especiais* e *Mães Muito Especiais*, em co-autoria com minha filha Natalia, *São Paulo, 450 Razões para Amar* e *Brasil Japão, 100 Anos de Paixão*, em co-autoria com o jornalista Ernesto Yoshida. Os dois últimos livros também são em cores, com fartas ilustrações e capa dura. O primeiro foi escolhido pela Câmara Brasileira do Livro como a obra símbolo da Bienal do Livro de São Paulo de 2004. Fizemos, aliás, uma edição especial, que foi oferecida aos convidados nacionais e internacionais durante a Bienal. Na abertura do evento, o livro foi entregue solenemente ao presidente da República e a outras personalidades presentes. O livro *Brasil Japão, 100 Anos de Paixão* também tem sido uma história de sucesso. Ambos os *cases* também fazem parte deste livro.

Com a M. Books já conquistamos o Prêmio Jabuti de Melhor Livro de Não Ficção de 2005, com *Os 50 Mandamentos do Marketing*, de Francisco Madia. Ganhamos também o Prêmio HQMix de 2007 com o livro *Desenhando Quadrinhos*, de Scott McCloud.

DOIS MIL PRODUTOS NOVOS

Tenho vivenciado o mercado editorial por mais de 30 anos, publicando livros de autores brasileiros e internacionais. Tive o privilégio de publicar o primeiro livro de muitos deles, que o utilizaram para um salto profissional e, hoje, ocupam posições de destaque no cenário nacional, sendo inclusive referências em suas áreas. Além disso, publiquei o primeiro livro em português sobre diversos temas, tanto na área de negócios como em informática, inclusive em Braille, para cegos, e isso me deixa envaidecido. Mas o que realmente me faz sentir um profissional realizado é poder aplicar nos lançamentos dos livros todas as ferramentas de marketing.

Cada livro que se publica é um produto novo, com conteúdo novo, para um público específico. Eu devo ter publicado cerca dois mil títulos diferentes, ou seja, cerca de dois mil produtos novos. Para cada um deles tive a oportunidade de dar uma atenção especial e aplicar a ferramenta de marketing específica para a criação do produto, título, subtítulo, texto de orelhas e capas, o design da capa e a diagramação interna, o texto do release e o texto do site, a divulgação e a promoção junto à mídia, o lançamento, a noite de autógrafos, a distribuição e as vendas no Brasil e em

Portugal, enfim, tudo o que um profissional de marketing almeja fazer. Na continuação deste livro, você terá *cases* reais de ações práticas de utilização de toda ferramenta de marketing e, principalmente, as descrições das ações estratégicas aplicadas. Todos os *cases* foram ações bem-sucedidas que agregaram um valor significativo e importante aos nossos negócios.

O QUE É ESSENCIAL PARA A CRIAÇÃO DE UM CASE DE SUCESSO?

Antes de tudo, é bom definir o que é um case de sucesso. Quais os objetivos ou resultados a serem alcançados. Estes objetivos podem ser de eficiência e eficácia. No meu negócio que é publicar, promover, distribuir e vender livros, um case de sucesso é aquele que cumpre bem e com bons resultados todas as etapas, tanto em eficiência como em eficácia.

A seleção e escolha do livro a ser publicado equivalem a criação de um produto novo. A tradução, a revisão técnica e de estilo, diagramação, fotos e ilustrações dão a qualidade ao conteúdo e equivalem à qualidade do produto. A capa do livro é a embalagem do nosso produto.

A partir daí, a divulgação, promoção junto aos veículos de comunicações objetivando mídia espontânea, é a estratégia utilizada pelas editoras para comunicar aos leitores que um livro está disponível para venda, ou seja, a criação da demanda. A seguir, a colocação do livro nas redes de livrarias do Brasil completa o ciclo. Dentro desta nossa atividade, o ideal é que utilizemos todo ferramental disponível no marketing, específico e próprio, para o nosso negócio. Assim sendo, é tremendamente importante para que um case seja bem-sucedido que haja o conhecimento pleno de seu negócio e a agilidade e capacidade de transformar uma idéia em uma ação produtiva efetiva.

Os cases que apresento a seguir objetivam mostrar ações bem-sucedidas em que utilizamos, além das ferramentas de marketing, nosso conhecimento de produto e mercado.

HISTÓRIAS E *CASES*

MARKETING DE GUERRA

O livro *Marketing de Guerra* é, seguramente, um dos mais importantes que publiquei como editor na área de negócios. Ele tinha sido publicado nos Estados Unidos pela McGraw-Hill e era uma continuação do tema abordado pelos autores Al Ries e Jack Trout em seu livro anterior, *Teoria do Posicionamento*.

Estamos falando dos idos de 1986, mas, independentemente da data, tudo poderia ter acontecido hoje.

O livro foi publicado nos Estados Unidos com o título de *Marketing Warfare*, que significa Guerra das Marcas. Naquele momento, eram travadas batalhas "sangrentas" entre produtos que competiam ferozmente por fatias do mercado. Esses produtos eram extremamente populares e, por isso, atraíam a atenção dos consumidores, dos profissionais de marketing e da mídia. O livro apresentava guerras travadas por marcas importantes, como IBM *versus* Apple ou Coca-Cola *versus* Pepsi, analisadas a partir do posicionamento competitivo que cada uma tinha no mercado, a relação com seus clientes e as atividades de marketing praticadas por seus concorrentes diretos. Tremendamente inovador, o livro analisava os movimentos de ataque e defesa dos competidores à luz das estratégias de guerra, tomando por base a obra *On War* (*Da Guerra*), do general prussiano Carl von Clausewitz, um dos grandes estrategistas militares de todos os tempos.

O livro de Ries e Trout teve um significado especial para mim, pois foi um divisor de águas na maneira que eu pensava e praticava o marketing dos livros que estava publicando. Em dado momento do livro, ele diz algo assim: "A batalha do marketing é travada dentro da mente dos consumidores. Você precisa fazer sua mensagem entrar lá dentro. E a mensagem deve ser tão estimulante que os faça desejarem seu produto".

A partir daí, mudei todos os meus conceitos e passei a publicar e fazer o marketing dos livros com os olhos no consumidor. Passei a pensar no que fazer para ele desejar comprar meu livro.

O livro de Ries e Trout, como disse, era tremendamente inovador porque utilizava termos e conceitos militares. As empresas eram analisadas pelo posicionamento competitivo conquistado. Fazendo uma analogia, um líder dominava o topo da montanha e, dessa maneira, ficava mais fácil defender sua posição. O segundo, o terceiro e o quarto colocados precisavam gastar muita munição e energia para subir à montanha e derrubar o líder.

Para as empresas classificadas em terceiro, quarto e demais lugares, estrategicamente, era melhor utilizar táticas de flanqueamento e guerrilha, com o objetivo de conquistar pequenos territórios e, conseqüentemente, participações de mercado. O texto estimulava e exigia ação dos competidores.

Eu tinha um livro superinteressante na mão para publicar e lançar no Brasil e precisava fazer algo diferenciado. Era preciso publicá-lo e lançá-lo de uma maneira especial, para ter o máximo de exposição na mídia, nas livrarias e, assim, vender muitos exemplares.

Foi então que procurei Roberto Duailibi, na DPZ, para mostrar-lhe o que eu tinha em mãos. Eu tinha publicado recentemente seu livro *Criatividade e Marketing*, em co-autoria com Harry Simonsen Jr. O livro, além de best-seller, era a primeira obra publicada no Brasil sobre o tema da criatividade aplicada ao marketing.

Duailibi recomendou-me três profissionais que poderiam ou se interessariam em me ajudar e fazer um marketing diferenciado para o lançamento do livro. Pela descrição das qualidades e pela especialização de cada um, achei que Francisco Madia era o mais recomendado. Procurei-o, mostrei-lhe, falei do projeto, e ele aceitou de pronto. Não somente isso: propôs-me a criação de uma série de livros de marketing, que publicaríamos juntos sob nossas duas marcas.

Voltando ao lançamento do livro, a primeira grande decisão foi mudar o título. Decidimos que o título deveria ser *Marketing de Guerra*, em vez da tradução pura e simples de *Guerras de Marketing*. Afinal, para praticar o marketing exigido pelas batalhas que estavam sendo travadas naquele momento no mercado, era necessário praticar um verdadeiro marketing de guerra.

O livro foi traduzido e fizemos uma revisão técnica, tomando cuidado especial com os termos militares, e lançamos a obra. Com uma distribuição competente, conseguimos colocá-la em espaços importantes nas livrarias.

Fez parte da estratégia enviar livros para as editorias de negócio e marketing dos mais importantes jornais, revistas, rádios e televisões. O impacto foi enorme. Vários artigos e resenhas foram publicados sobre o livro. Os resultados das resenhas e dos comentários nos jornais e revistas se faziam sentir. As vendas eram alavancadas pela divulgação boca a boca e pelos comentários nas empresas e muitas áreas profissionais.

Quase simultaneamente ao lançamento do livro, iria realizar-se em São Paulo a Bienal do Livro, ainda no Pavilhão da Bienal do Ibirapuera. E nosso estande, de número 16, ficava logo na entrada principal do pavilhão. Montamos uma pilha de livros na frente do estande, vestimos de guerrilheira uma recepcionista muito bonita e fizemos com que ela ficasse ao lado da pilha de livros.

Imprimimos pequenos folhetos, que diziam "Marketing é Guerra, aliste-se no estande 16", e distribuímos nas filas de entrada. Atraídas pela curiosidade, muitas pessoas entravam em nosso estande para saber do que se tratava. A recepcionista vestida de guerrilheira tinha sido contratada por um pequeno pagamento fixo e por uma boa comissão sobre as vendas desse livro. O resultado foi espetacular. Vendemos muitos livros.

A revista *Exame* nos procurou e propôs a publicação do livro inteiro em uma edição especial de 300 mil exemplares. A princípio, ficamos em dúvida, pois poderia matar as vendas nas livrarias. Mas resolvemos apostar na iniciativa. A negociação foi feita na base de permuta. A edição da revista foi um sucesso e alavancou a venda da obra nas livrarias. Muitas pessoas leram a revista e compraram o livro em seguida.

O livro foi divulgado pela equipe de promotores universitários nas faculdades de administração e marketing e passou a ser adotado e indicado para a formação profissional dos alunos.

Algo excepcional começou também a ocorrer. Militares da reserva de várias patentes passaram a ser convidados a dar palestras e até consultoria sobre táticas de guerra para empresas privadas.

Os autores que, desde o lançamento do livro nos Estados Unidos, passaram a ser requisitados para palestras e seminários, também vieram ao Brasil, muitas vezes. Eles haviam dividido o território de palestras, e Al Ries ficou com a América do Sul. A partir de então, a HSM, por meio de Jose Salibi e Harry Huffer, trouxe-o várias vezes para seminários, eventos e consultoria.

Esse livro foi uma estratégia de marketing que deu resultados em termos de vendas e de imagem de marca da editora. Foi um projeto para o qual buscamos um parceiro, Madia, que conhecia tudo de marketing e nos ajudou muito no lançamento e na divulgação.

Nossa estrutura de distribuição e vendas atuou de forma muito competente, tornando o livro disponível no maior número possível de livrarias em todo o Brasil. Tudo dentro de um planejamento de marketing adequado ao produto excelente que tínhamos em mãos.

Um detalhe: o livro *Marketing de Guerra* ainda consta de nosso catálogo. Foi lançada em 2006 uma nova edição, atualizada e ampliada. O livro continua bastante atual e uma fonte inesgotável de conhecimentos para quem deseja aprender e conhecer o marketing sob o foco dos consumidores.

MAILING LIST: LINHA DIRETA COM OS LEITORES

Este *case* de marketing foi um dos mais importantes para o sucesso da Makron Books. O curioso é que tudo teve início com um fato que poderia ter passado despercebido e sem importância, se eu não estivesse atento e pensando em meus negócios.

Eu, habitualmente, peço ao pessoal que contata clientes que esteja atento às informações que circulam no mercado, pois sempre são muito importantes. Para isso, é preciso estar ligado e concentrado no trabalho.

Digo sempre que a maçã cai muitas vezes na cabeça das pessoas, mas elas, por estarem desatentas, não anunciam a lei da gravidade.

O fato que deu início a este *case* ocorreu quando eu visitava, em um sábado, uma livraria em Ribeirão Preto. Sempre que viajo, visito as livrarias para ver como nossos livros estão sendo expostos e aproveito para conversar com os balconistas.

Naquela manhã, eu tinha acabado de entrar na livraria, quando vi um cliente segurando dois livros de informática, um deles publicado pela nossa editora. Ouvi o rapaz perguntar ao atendente:

— Qual é o melhor?

Na época, o livro era a principal ferramenta para o usuário aprender a utilizar a informática e, como era tudo novidade, era difícil tanto para o balconista quanto para o leitor saber qual o melhor livro sobre o tema. Poucas editoras publicavam livro nessa área. Os leitores em geral e os profissionais de livrarias tinham pouca familiaridade com esse novo tema. As próprias editoras não dominavam o comportamento dos consumidores desses livros.

— Sinceramente, não sei qual é o melhor, mas este aqui tem a capa mais bonita! — respondeu o balconista.

Um dos livros que ele tinha nas mãos era o *CPM – Guia do Usuário*, de nossa editora.

Eu me aproximei e disse ao rapaz:

— Olha, eu conheço bem informática. Este aqui tem a capa mais bonita, mas este outro é melhor. É o *Guia do Usuário*, é o guia oficial do software!

Disse isso e saí da livraria, sem me identificar como sendo da editora.

CPM era o sistema operacional da Apple, computadores de 8 bits, e o nosso livro era sem sombra de dúvidas, o melhor do mercado.

Nunca soube se o leitor acabou comprando nosso livro, mas, como disse anteriormente, a maçã cai na cabeça das pessoas, que podem ou não anunciar a lei da gravidade.

Estava ali um exemplo prático e simples do comportamento de um consumidor.

Cheguei a três conclusões:

1) O leitor não sabia o que estava comprando.
2) O vendedor não sabia o que estava vendendo.
3) A concorrência estava produzindo capas mais bonitas.

O leitor não sabia o que estava comprando

O que quero dizer é que o leitor entrava para comprar um livro de informática e não sabia escolher o melhor para sua necessidade. Havia vários livros, de vários autores e editoras. Todos tratavam do tema proposto, com algumas diferenças fundamentais. Uns eram mais introdutórios, outros mais dissertativos. O estilo e a didática dos autores também eram diferentes. Havia várias diferenças e opções.

Enfim, os livros não eram iguais, embora tratassem do mesmo tema, e os leitores não sabiam diferenciá-los.

O vendedor não sabia o que estava vendendo

Normalmente, as livrarias funcionam como um *self-service*: os leitores entram, consultam, manuseiam os livros e, se precisarem, pedem ajuda aos vendedores. No caso dos livros de informática, os atendentes tinham dificuldade em ajudar os leitores, pois o tema era muito novo e técnico. Algumas livrarias, como a Cultura e a Litec, em São Paulo, e a Ciência Moderna, no Rio, foram as primeiras a terem vendedores com conhecimento técnico para auxiliar na decisão dos leitores.

Soluções encontradas que mudaram o marketing

A partir dessas constatações, havia estratégias a serem adotadas:

1) O leitor precisava entrar na livraria com a decisão tomada: "Eu quero comprar o livro *CPM – Guia do Usuário*".
   Era preciso nos comunicar com ele diretamente, no local de trabalho, na escola ou em sua casa. Devíamos evitar o risco de uma sugestão desfavorável nas livrarias.
2) Era preciso que os vendedores fossem preparados melhor para atender aos leitores.
3) Se o leitor não tivesse a definição específica do livro e não contasse com a correta indicação do vendedor, a marca e o nome da editora deveriam ser um diferencial importante. A editora precisava ser reconhecida.
4) Devíamos melhorar o design das capas dos nossos livros.

O leitor precisa entrar na livraria com a decisão tomada

Coincidentemente, enquanto eu desenvolvia esses raciocínios estratégicos, estava simultaneamente editorando os livros *Marketing de Guerra*, de Al Ries e Jack Trout, e *Maximarketing*, de Stan Rapp e Tom Collins. Eu estava muito influenciado por eles, que foram fundamentais nas decisões que tomamos na época.

Inclusive, eu disse pessoalmente a Stan Rapp sobre como o livro dele foi importante para o sucesso da editora. Foi o primeiro livro de negócios que tratou com propriedade de mala-direta, de *mailing list* e da importância de se comunicar com os clientes diretamente. Eu tinha lido o livro e tinha agora a oportunidade de efetivamente aplicar seus ensinamentos.

Criamos gradativamente um *mailing list,* por meio de ações específicas que fomos desenvolvendo diretamente com leitores em feiras e eventos. Imprimimos na última página de cada livro um formulário para preenchimento de mala-direta. Negociamos *mailing* com empresas de hardwares e softwares. Fizemos parcerias com revistas especializadas da área. O *mailing* foi sendo desenvolvido semana a semana, mês a mês.

No princípio, enviávamos aos leitores um cartão-postal com a capa do livro. À medida que começamos a publicar mais livros por mês, o cartão-postal foi sendo substituído por um folheto. Quando atingimos os primeiros cinco mil nomes, surgiu a idéia de um jornal mensal. Dei-lhe o nome de *Makron Books Informa*.

Era a maneira mais direta de nos comunicar com o leitor e avisá-lo em seu local de trabalho, na escola ou em casa que um livro de seu interesse tinha sido lançado. Assim, ele poderia ir à livraria já com a decisão tomada ou poderia entrar em contato conosco diretamente.

O JORNAL *MAKRON BOOKS INFORMA*

Tenho comigo um exemplar de todas as edições do jornal e, sempre que consulto, observo as mudanças que ele teve desde o nº 1, de janeiro de 1987, até o nº 106, de dezembro de 2001. Esse jornal foi, seguramente, a melhor e mais importante ferramenta de marketing e vendas da editora. O curioso era o quão simples era fazê-lo todos os meses, proporcionalmente a seu valor e ao desejo dos leitores de recebê-lo.

O jornal tinha sempre quatro páginas e um miolo. Normalmente, eram dez edições por ano, de fevereiro a novembro.

A primeira página trazia um artigo assinado por nosso consultor Eraldo Montenegro. Eu e ele discutíamos e decidíamos o tema a ser abordado em dez artigos seqüenciais para as dez edições do jornal. Em geral, focávamos o pensamento e a visão estratégica.

A segunda página era a parte técnica do jornal. Tínhamos sempre três matérias muito técnicas sobre temas de livros que estávamos publicando. A obtenção desses materiais era simples e tinha custo zero. Normalmente, os livros de informática traduzidos eram também revisados tecnicamente e customizados por profissionais especialistas na área. Pedíamos então que, ao fazer a revisão técnica, o profissional preparasse também um artigo para o jornal sobre o tema do livro. Quando o livro era de autor nacional, ele próprio preparava um artigo sobre o tema do livro. Os artigos eram publicados um mês antes do lançamento do livro, antecipando aos leitores os temas e criando uma expectativa. Quando o livro saía, já estava sendo aguardado e desejado.

A terceira página era de notícias do mercado, informações sobre a editora e variedades. Estabeleci que, nessa página, sempre houvesse, com as notícias da editora, uma menção direta a mim, na condição de editor e presidente, com uma foto. A idéia era trabalhar o marketing pessoal. Eu tinha percebido que, quando alguém falava o nome de uma editora, não havia uma imagem pessoal, um nome com que se relacionar. Havendo um nome, seria mais fácil para autores, professores e profissionais entrarem em contato conosco.

A quarta página do jornal era dedicada a nossas filiais e, principalmente, à Casa da Cultura do Rio de Janeiro. Era no jornal que anunciávamos sua programação mensal (leia mais adiante o *case* sobre a Casa da Cultura).

O miolo era o objetivo final. Tinha de quatro a seis páginas, em que apresentávamos o catálogo de nossos livros, e uma página para a compra por meio da mala-direta. Eu dizia que o jornal era a "capa" da mala-direta de vendas. Tanto é que o miolo era em quatro cores, enquanto o restante do jornal era em preto e branco.

Em fevereiro de 2002, quando me desliguei da editora que sucedeu a Makron Books, estávamos imprimindo 300 mil exemplares do jornal. Posteriormente, ele foi descontinuado em razão do advento do e-mail marketing e do aumento significativo do custo de postagem nos correios.

Treinamento dos balconistas das livrarias

Essa ação estratégica incrementou nossa relação com as livrarias e ajudou bastante na identificação e fixação do nome da editora junto ao mercado livreiro.

Os treinamentos eram ministrados por meio de palestras de informática. Os livros que publicávamos eram sempre as referências nos temas. A organização era bem simples. Alugávamos um espaço em um hotel no centro da cidade e convidávamos balconistas e representantes das livrarias. O palestrante era geralmente um autor conhecido de livros de informática.

O horário do treinamento era das 19h às 22h, com um bom *coffee break*. O tema era sempre ligado à informática. Ao final do evento, os participantes recebiam um certificado assinado pelo palestrante e pela editora, além de brindes e livros de cortesia.

Organizávamos palestras em São Paulo, Rio de Janeiro, Curitiba, Porto Alegre e Ribeirão Preto.

A partir daí, nosso relacionamento com os atendentes das livrarias melhorou muito. Fazíamos o *follow-up*, procurando mantê-los informados sobre as novidades da informática. Há neste livro um *case* específico sobre treinamentos dos balconistas.

A fixação da marca

Como os livros, aparentemente, eram muito iguais, era preciso estabelecer uma diferença competitiva. O leitor entrava em uma livraria, examinava dois livros sobre o mesmo tema. Um deles tinha a capa mais bonita, mas um deles era da Makron Books!

Era disso que precisávamos. Quando o leitor entrasse numa livraria e precisasse decidir sobre qual livro comprar, a marca deveria ajudá-lo a decidir.

— Qual é o melhor?

— O melhor, não sei, mas este é da Makron Books!

Criamos, então, o conceito de "qualidade" em todos materiais de comunicação, promoção e propaganda que fazíamos, como jornal, catálogos, folhetos, mala-direta e nas feiras e nos eventos. Colocávamos sempre "Makron Books – Livros de Qualidade".

Com o tempo, o conceito se solidificou. O nome da editora passou a ser identificada com a palavra "qualidade". Tivemos várias comprovações dessa identificação. Vendedores de livrarias nos informaram que muitos leitores tinham decidido suas compras pelo nome da editora.

A criação desse conceito de "qualidade" tornou-se possível graças a essas ações eficazes, constantes e permanentes de repetição.

O design das capas

As capas representam, para os livros, o que as embalagens significam para um produto de consumo. Nossas capas não eram as melhores e precisávamos fazer alguma coisa.

Entramos em contato com desenhistas e capistas solicitando alguns modelos de desenhos. Nem é preciso dizer sobre a dificuldade que enfrentamos. Informática era um tema novo também para esses profissionais.

Em uma das ocasiões, um desenhista apresentou-nos a seguinte ilustração para a capa de um livro: o desenho de um ovo com casca, partido ao meio, e um disquete saindo de dentro dele.

Perguntei-lhe:

— O que tem a ver um ovo e um disquete?

Ele respondeu:

— Para mim, o ovo é um mistério, assim como a informática. É por isso que desenhei um disquete saindo de dentro de um ovo.

Eu disse então:

— O problema é se o usuário colocar o disquete na frigideira!

Com o tempo, fomos arrumando bons desenhistas e bons capistas. Na área de informática, como a maioria dos livros era tradução de outras línguas, passamos a utilizar os desenhos de capas originais, alterando somente o texto para o português.

Foi nessa época que descobrimos Douglas Lucas, hoje um dos mais importantes e reconhecidos capistas do Brasil.

Hoje, mais do que nunca, a capa é uma ferramenta poderosa do marketing de produto. A capa está para o livro assim como a embalagem está para todos os produtos de consumo.

FEIRAS DE INFORMÁTICA

As participações da Makron Books na Fenasoft e na Comdex, feiras de informática, foram, sem dúvida, os momentos mais marcantes de todas as atividades que desenvolvemos ao longo dos anos. Essas feiras nos proporcionaram oportunidades de exercitar todas as ferramentas e ações estratégicas que uma editora pode ter.

Historicamente, 80% da distribuição e comercialização dos livros ocorre por meio das livrarias. No entanto, por mais atuantes e especializadas que sejam, as livrarias não têm condições físicas de revender toda linha editorial de uma editora. Por sua vez, as editoras precisam buscar alternativas para atingir o leitor.

A internet, apesar de ser um canal alternativo importante, ainda representa relativamente pouco, em termos percentuais, na composição das vendas totais.

A mala-direta, que na década de 1990 significou muito, foi perdendo força gradativamente, à medida que os custos de postagens foram aumentando. Ficou antieconômico vender e comercializar livros por mala-direta.

As feiras, por atraírem um número significativo de visitantes, são uma ótima oportunidade de vender livros específicos do tema escolhido como foco da feira. Dessa maneira, as feiras do setor, principalmente a Fenasoft e o Comdex, foram fundamentais para as vendas de livros e para a consolidação da marca Makron Books como excelência em livros de informática.

Além das vendas diretas, obtivemos vários benefícios:

1) Ficar cara a cara com o leitor e ouvi-lo elogiar, reclamar e sugerir. Normalmente, como o livro é vendido por meio das livrarias, esse privilégio é do balconista da loja.
2) Praticar e exercitar diretamente com o leitor nossos serviços de atendimento, promoção e divulgação da qualidade de nossos livros, fidelização e consolidação da marca institucional.
3) Conhecer novos autores e captar novos textos.
4) Concretizar negócios com outras empresas expositoras da feira.

Um dos maiores benefícios de participar de uma feira de informática é que 100% dos visitantes são pessoas interessadas no tema e, por conseqüência, são interessadas em livros de informática.

Por sermos pioneiros e líderes em livros de informática, fomos a primeira editora a expor e vender livros em feiras não específicas de livros. Fomos o cliente número 1 da Fenasoft. Fomos o cliente que comprou o primeiro estande na primeira Fenasoft. Fomos também o primeiro a renovar a participação nos dois anos seguintes. Estivemos como expositores durante toda a existência da Fenasoft. Os dois primeiros anos foram no Rio e, a partir da terceira edição, o evento veio para São Paulo.

Quanto à Comdex, se não fomos os primeiros, estivemos próximos disso e, igualmente, participamos de todas as edições.

A Fenasoft e a Comdex

As feiras eram realizadas no Anhembi. A Fenasoft, de segunda a sábado, e a Comdex, de segunda a sexta. A Fenasoft era uma feira mais popular e trazia um público mais diversificado, incluindo muitos estudantes.

Havia muitos estandes com produtos de vendas no varejo. Era uma verdadeira feira de informática, onde era possível expor e vender tudo relacionado ao tema – para a venda de livros, era o melhor dos cenários. Aos sábados, caravanas procedentes de cidades do interior paulista e de estados vizinhos, como Paraná, Minas Gerais e Rio de Janeiro, lotavam o Anhembi.

A Comdex era mais profissional. Os expositores objetivavam mais os contatos e a prospecção de negócios.

Na Fenasoft, vendíamos obras de todas as áreas de informática, com ênfase nos livros tutoriais e introdutórios. Na Comdex, como o público era mais seleto, vendíamos mais livros técnicos e profissionais.

Outra característica interessante da Comdex era a maior possibilidade de co-edições e vendas especiais a empresas. Em ambas as feiras, recebíamos visitas e ofertas de textos para publicações de autores da área. Essas feiras eram o cenário perfeito para a interação entre autores e editores.

O estande

Na Fenasoft, comprávamos 250 metros quadrados e, na Comdex, ficávamos na Rua L e M, o que facilitava a localização pelo público. O design do estande foi sendo criado e aperfeiçoado no decorrer dos anos e, aproximadamente no quinto ano, tínhamos uma configuração inovadora, que sofreu pouquíssimas mudanças nos anos seguintes.

Nas primeiras feiras, utilizávamos o design padrão das feiras de livros, com prateleiras que prejudicavam não só a circulação das pessoas que visitavam o estande, como também dificultava o atendimento, a venda e até o controle dos furtos. As pessoas esbarravam umas nas outras dentro do estande. Como o movimento era intenso, muitas vezes, quando um livro era vendido e retirado das prateleiras, não sabíamos qual repor. Era comum surpreendermo-nos com um espaço vazio e não sabermos qual livro tinha sido vendido e se realmente tinha sido vendido, pois havia a possibilidade de ele ter sido furtado.

Além disso, precisávamos ter no estande uma sala para manter o estoque de reposição, o que acabava reduzindo o espaço de vendas.

Apesar do sucesso de vendas, não estávamos atendendo bem, pois perdíamos clientes – muitas pessoas viam o estande superlotado e desistiam de entrar.

Quando montamos o primeiro estande no Anhembi, durante a terceira edição da Fenasoft, criei um design inovador, baseado nas experiências anteriores. Além de funcionar muito bem, serviu de *benchmarking* para outras editoras dentro dessas feiras e hoje é utilizado em bienais do livro por diversas editoras.

Era preciso resolver o problema de circulação. Os clientes precisavam ter acesso aos livros. Os vendedores deveriam ter a possibilidade de dialogar e vender. Era preciso ter um estoque de reposição, sem prejudicar o espaço de vendas, e os livros deveriam estar bem expostos e disponíveis para ser manuseados e consultados pelos leitores.

Montamos dois grandes quadrados com bancadas de 1 metro de altura por 1,20 metro de largura, que circundavam quase todo o espaço do estande. Ao fundo montamos uma saleta climatizada, com sofás e geladeira, para recebermos os convidados. Do lado oposto, havia uma saleta para o descanso dos vendedores. E entre as duas saletas ficava um balcão com o caixa.

Em cima das bancadas expúnhamos os livros em pilhas de 10, 12 ou até 15 unidades, dependendo do tamanho do livro. Levando-se em conta a altura da bancada, os livros ficavam em uma altura ideal para ser manuseados e consultados confortavelmente pelos leitores.

Os vendedores ficavam dentro do quadrado, cada um ocupando um espaço predeterminado. Como os quadrados eram fechados, os leitores circulavam por fora, mas, onde quer que estivessem, era fácil comunicar-se com os vendedores e ser atendidos.

A idéia de colocar os livros em pilhas facilitava a reposição. Conforme um livro era vendido, sua pilha diminuía, de modo que era fácil identificar visualmente onde era necessário fazer a reposição. Além disso, há um detalhe curioso: o brasileiro tem o hábito de comprar coisas em pilhas. Na maioria das bancas de jornal, por exemplo, jornais e revistas ficam empilhados.

Como as bancadas tinham 1 metro de altura por 1,20 metro de largura, a parte interna era vazia, que utilizávamos para o estoque de reposição.

Ou seja, para os livros empilhados em determinado setor, tínhamos os livros de reposição logo abaixo da bancada.

O estande era muito bem iluminado, com luminárias frias, instaladas no teto. Como o estande ocupava duas esquinas, tínhamos o nome e a marca da editora nos três lados na frente. O estande chamava a atenção pelas luzes e pela multiplicidade de cores das capas dos livros.

Exposição dos livros

Eram 500 títulos diferentes, o que totalizava 15 mil livros, expostos por ordem de assunto. Por exemplo, todos os livros sobre Windows eram empilhados no mesmo setor, e assim era feito com os outros temas. Se um leitor quisesse ver livros de Windows, indicávamos o setor onde se encontravam todos.

Como havia dois quadrados de bancadas, repetíamos a exposição em ambos os lados. Assim, um leitor que estivesse circulando em quadrado não precisaria ir até o outro lado para encontrar o livro desejado.

Na parte interior dos quadrados, onde havia um corredor, empilhávamos os livros em oferta, a preços muito especiais. Os lançamentos e os best-sellers eram empilhados nas bancadas que davam para as ruas L e M.

Os lançamentos da feira tinham um destaque de "lançamento" ou "novidade".

Atendimento pessoal

A estrutura do estande requeria um número expressivo de pessoal altamente qualificado: 18 vendedores, quatro profissionais no caixa e auxiliares de vendas, segurança e reposição.

18 vendedoras

Para o atendimento durante a feira, contratávamos 18 recepcionistas, que tinham a função específica de vendas. Como em todas as feiras, a beleza física e estética era importante. Relevante também era a altura, pois as pilhas de livros atingiam na bancada até 1,50 metro. Por isso, elas não podiam ter menos de 1,70 metro de altura.

Na seleção, valorizávamos a facilidade de se expressar e o conhecimento de português. Algumas, além de português, dominavam inglês e espanhol. A maioria tinha diploma universitário e cursava faculdade.

Educação, postura e, principalmente, comprometimento profissional com horários e com os objetivos do estande eram fundamentais. Após a seleção, elas passavam por um treinamento, que lhes dava algum conhecimento dos livros e, sobretudo, de vendas.

Como participávamos de diversas feiras durante o ano, tínhamos sempre um grupo já treinado de dez vendedoras em São Paulo e quatro no Rio de Janeiro, com as quais contávamos sempre. Para completar o grupo, fazíamos uma seleção extra específica quando necessário. Essas novatas, além de treinamento, recebiam naturalmente durante as feiras um suporte das "veteranas".

É importante frisar que o comprometimento com as vendas era um ponto essencial, independentemente de beleza física, postura ou até títulos que ostentassem, como Miss Rio Grande do Sul, Miss Garota de Ipanema. O trabalho era sempre medido pela capacidade de produzir vendas.

Elas eram contratadas diretamente, sem agência intermediária, e pagávamos, como de praxe no mercado, um valor fixo diário, que, no nosso caso, era a tabela máxima. Além disso, anunciávamos que, em caso de atingirmos os objetivos de vendas, elas receberiam um bônus. Não revelávamos o valor da meta estabelecida, mas, durante a feira, informávamos em porcentagem quanto do objetivo havíamos alcançado. Nos dois últimos dias, anunciávamos que faltava muito pouco e que precisávamos de esforço concentrado. Já no fim da feira, anunciávamos que havíamos atingido e que receberiam um bônus.

O bônus, na maioria das vezes, fazia dobrar o cachê. Essa era uma das razões para atrair e manter vendedoras competentes e interessadas em trabalhar conosco. Outra importante razão, revelada por elas, era que, em nosso estande, diferentemente das outras feiras, elas não só "enfeitavam" o espaço, mas também produziam. Elas descobriam que podiam e sabiam vender.

Uma delas me disse um dia que se sentia importante quando os leitores lhe pediam indicações de livros de informática. E, apesar de não ter conhecimento técnico, ela era capaz de indicar os livros, graças ao treinamento e ao tempo que trabalhara conosco.

Reconheço que essas profissionais foram fundamentais para o sucesso de nossas participações nas feiras.

Profissionais de suporte técnico

Como as vendedoras recebiam um treinamento que lhes desse um conhecimento básico, principalmente dos títulos dos livros, quando um leitor solicitava uma questão mais técnica, de conteúdo, era então acionado um profissional de suporte técnico, que ficava permanentemente à disposição. Dependendo do movimento, ficava um ou dois dentro dos quadrados. Eles também acompanhavam e fiscalizavam o trabalho de atendimento e de vendas.

Vendas regulares

As expectativas de vendas nas feiras de informática eram muito altas, pois 100% das pessoas que visitavam eram nossos potenciais clientes, e montávamos uma estrutura para melhor expor, atender e negociar os livros.

Estrategicamente, dispúnhamos os livros em pilhas e os organizávamos por ordem de assunto. Assim, o leitor que buscasse um livro de Windows encontrava-o em um determinado setor. Cada setor do quadrado era coberto por uma vendedora, e, como foi dito anteriormente, ela ficava dentro do quadrado, frente a frente com os leitores que circulavam pelo lado externo do quadrado. Desse modo, ao circular no estande, o leitor ficava sempre frente a frente com alguma vendedora, que podia atender e responder mais questões.

Durante o treinamento, orientávamos as vendedoras a não dirigir qualquer palavra ao possível comprador, somente um sorriso ou um cumprimento, para ele saber que fora notado. Ela não podia, de maneira alguma, dizer coisas como:

— Posso ajudar em alguma coisa?

Ou:

— Você está procurando alguma coisa específica?

Ela tinha de deixá-lo circular à vontade, examinar os livros, como em um *self-service*. Se ele lhe dirigisse a palavra, ela então responderia e, dependendo da situação, iniciaria um diálogo com esse cliente. Se, por exemplo, o leitor perguntasse:

— Há algum livro introdutório sobre Windows?

Ela então apresentaria as opções e, dependendo da evolução do diálogo e da negociação, fechava a venda do livro.

Como essa estratégia dependia de uma ação do leitor para iniciar uma possível conversação leitor-vendedora, criamos uma estratégia que envolvia o preço do livro. Normalmente, nas feiras de livro, para facilitar, o preço de vendas é colocado a lápis na primeira página do livro. Em minha opinião, isso é errado. O leitor, ao ver o preço, pode tomar uma decisão solitária, sem dar chance ao vendedor de negociar. Ele examina o livro, vê o preço, toma a decisão isoladamente e, muitas vezes, decide não comprar, colocando o livro de volta onde estava.

Nossa estratégia era não colocar os preços nos livros. Se o leitor quisesse saber, tinha de se dirigir à vendedora:

— Quanto custa este livro?

A vendedora, por sua vez, trabalhava com uma tabela de preços e uma calculadora na mão. Era treinada para localizar rapidamente o preço e respondia:

— O preço normal é R$ 80,00, mas estamos oferecendo um desconto de 20%. Está saindo, portanto, por R$ 64,00. E o senhor pode pagar em cartão ou em cheque pré-datado para 30 dias. Gostaria de levá-lo?

Se a venda se concretizasse, a vendedora pessoalmente levava o livro até o caixa, solicitando ao cliente que a acompanhasse. Ela então entregava o livro ao caixa e agradecia ao leitor, com um sorriso (obrigatório):

— Muito obrigada!

Nas negociações com o cliente, a vendedora tinha autonomia para, se necessário, arredondar valores ou, então, no caso da venda de dois livros, dar um desconto de 25%. Se fossem mais livros, a negociação era conduzida pelo suporte técnico.

O caixa era obrigado a aceitar a negociação. Por exemplo, num livro de R$ 80,00, com o desconto de 20%, ficava em R$ 64,00, mas a vendedora podia arredondar para R$ 60,00.

Um dado curioso é que, como as vendedoras eram mulheres muito bonitas, que atendiam com segurança e bastante seriedade, dificilmente um cliente dizia:

— Este livro está caro, hein?

Eu, que acompanhava diariamente o movimento e era um dos profissionais do suporte técnico, achava muito curioso não haver essa reação natural dos brasileiros.

Outro ponto interessante era que, a partir do segundo dia da feira, as vendedoras, pelo fato de terem trabalhado em outras feiras conosco, assimilavam e identificavam os livros novos e os velhos também. Era comum na Comdex ouvir uma vendedora que havia trabalhado na Fenasoft perguntar por um determinado livro que estava faltando ou que na feira anterior havia vendido muito. Aí explicávamos que havia mudado a versão do software e que o livro havia sido declarado "fora de publicação".

O mercado de informática era muito impiedoso com os livros – a vida útil média de um título era de seis a doze meses.

Vendas e promoções especiais

Na área de informática, os livros nascem e morrem rapidamente, e o giro dos estoques tem de ser estrategicamente administrado e controlado, todo ano. A cada feira, tínhamos um estoque de livros que estavam em processo de descontinuidade, ou seja, livros com versões mais atuais e que deveríamos vendê-los rapidamente.

As oportunidades estavam nas feiras e, por isso, dávamos descontos muito especiais. Para isso, reservávamos um espaço especial no estande. Colocávamos cartazes com as chamadas e os descontos oferecidos. Levantávamos pilhas maiores que as normais. Para esse setor, direcionávamos vendedoras com alta capacidade de negociação, pois, além do desconto anunciado, elas tinham liberdade de negociar descontos especiais, de acordo com a quantidade comprada.

É bom enfatizar que, no Brasil, existe ainda um descompasso entre a tecnologia implantada nas empresas privadas e nas universidades, faculdades e escolas em geral. Então, um livro que abordasse um determinado produto já superado na iniciativa privada podia ainda ser utilizado no ensino. As escolas levavam sempre um tempo maior para atualizar seus hardwares e softwares.

Isso fazia que esses livros vendidos a preços muito especiais fossem tremendamente atraentes, principalmente para os estudantes. Os descontos eram de tal ordem que, realmente, não tínhamos qualquer lucro. Na verdade, os valores de vendas não pagavam nem mesmo os custos do produto. Mas fazíamos caixa e recuperávamos uma parte do investimento.

Como vendíamos a preços especiais, a venda era à vista, em dinheiro vivo ou em cheque para resgate imediato. O movimento era tão intenso que, em certos momentos, éramos obrigados a abrir um caixa no próprio setor, para não congestionar o caixa regular do estande.

Essas promoções agregavam um valor inestimável:

1) Colaboravam para a rotatividade dos estoques.
2) Como as vendas eram à vista, o dinheiro entrava imediatamente.
3) Ao vender esses livros a estudantes, estimulávamos o hábito de leitura entre os jovens.
4) Proporcionávamos a eles a possibilidade de iniciarem uma biblioteca pessoal.
5) Investíamos nos leitores de futuro.
6) Fixávamos nossa marca e imagem institucional.
7) Transmitíamos felicidade.

Ver jovens e estudantes com sacolas cheias de livros dava-nos uma sensação maravilhosa de dever cumprido. Tivemos inúmeras oportunidades de nos relacionar com jovens e estudantes nessas ocasiões, e relato duas delas.

Em uma ocasião, observei dois jovens de cerca de 16 anos examinando um livro. Por vezes, um deles tirava o dinheiro do bolso, contava e guardava novamente. Olhei para a vendedora, que, sorrindo para eles, dizia:

— Então, posso dar um desconto maior, já que você quer tanto o livro!

Eu me aproximei e perguntei, sorrindo também, o que estava acontecendo, e o jovem respondeu:

— Eu tenho o dinheiro, mas é toda a minha mesada!

Discretamente, sussurrei para a vendedora:

— Dá um desconto maior!

Quando ela falou o novo valor, o menino abriu um sorriso e disse:

— Então eu vou levar.

O outro garoto, surpreso, disse:

— Poxa, mas é quase toda a sua mesada.

E o outro respondeu:

— Depois eu descolo uma grana do velho!

E foi feliz com o livro.

Em outra ocasião, eu havia acabado de entrar no quadrado onde ficavam as vendedoras, quando uma delas sorriu para mim e disse apontando um jovem de 15 anos:

— Ele está namorando esse livro há tempos!

Eu perguntei ao garoto:

— E aí, está gostando do livro?

Ele respondeu:

— É o livro de que preciso na escola, mas está caro!

Eu disse para a vendedora:

— Mas você não deu um bom desconto para ele?

Ela, sorrindo, disse que o livro custava R$ 50,00 e que já havia oferecido um desconto de 30%, o que significava que já tinha baixado o preço para R$ 35,00. Isso porque, para ele, era um desconto muito especial.

O menino abaixou a cabeça com um sorriso sem graça, e aí eu debrucei-me sobre o balcão, cheguei bem próximo a ele e perguntei baixinho:

— Quanto você tem de dinheiro?

E ele respondeu:

— R$ 18,00.

E eu falei:

— Se eu vender por R$ 18,00, você leva?

— É lógico! — respondeu, abrindo um sorriso.

— OK! É seu!

Virei-me para a vendedora e autorizei a venda do livro de R$ 50,00 por R$ 18,00. Tenho certeza de que tinha conquistado um leitor e um cliente para sempre.

O caixa

O desafio do caixa era ter agilidade no atendimento. Uma das coisas que mais me chateiam é fila no caixa. É muito comum você comprar um produto e ficar um tempo absurdo simplesmente para pagar. Montávamos então uma estrutura específica para esse atendimento, que envolvia os registros dos cartões de crédito, recebimentos por meio de cheques e dinheiro e emissões de notas fiscais. Tínhamos permanentemente quatro pessoas e, quando necessário, puxávamos duas pessoas do suporte técnico para ajudar a agilizar o recebimento.

Tínhamos um desafio ao fim do dia, que era transportar o produto do caixa, ou seja, os comprovantes dos cartões de crédito, cheques e dinheiro. A pessoa responsável parava o carro no estacionamento regular do Anhembi. Ele então colocava o dinheiro, os cheques e os recibos dos cartões de crédito em uma sacola comum de vendas, disfarçava com alguns livros e dirigia-se até seu carro acompanhado por um ou dois colegas. Durante anos de feira, nunca tivemos qualquer incidente. Mas o ideal seria que houvesse uma agência bancária para atender os participantes do evento.

Segurança e reposição dos livros

Do lado de fora do estande, mantínhamos seis funcionários, estrategicamente colocados para reprimir furtos de livros e para repor os livros nas pilhas.

Aos sábados, quando o público era maior e mais variado, a segurança era redobrada.

Nada que valha a pena detalhar mais.

Resultados das vendas

Todo esforço e trabalho era recompensado pelo resultado das vendas, e estes foram os números obtidos em uma das edições especificamente:

- Livros normais com descontos de 20% – 8.500 exemplares
- Livros a preços e descontos especiais – 25.700 exemplares
- Total de livros vendidos – 34.200 exemplares

Levando-se em conta as horas de duração da feira, podemos afirmar que vendemos em média 1 livro a cada 23 segundos. Seguramente, é um recorde – com direito, quem sabe, ao Guinness.

Benefícios adicionais

Promover a marca e a imagem institucional

Nossa participação nas feiras, principalmente nas de informática, Comdex e Fenasoft, agregaram valores significativos e reconhecidos à marca e à imagem institucional da editora. Colaboraram para isso os seguintes fatores estratégicos:

1) Uma linha editorial de livros de muita qualidade.
2) Lançamentos de livros novos e inéditos durante a feira, o que atraía leitores em busca de novidades.
3) Atendimento de alto nível por meio da prestação de serviços e vendas muito bem conduzidas e realizadas pelas competentes recepcionistas-vendedoras.
4) Grande receptividade e visibilidade na mídia, antes e durante os eventos. Em um determinado ano, o *Jornal da Tarde* publicou uma reportagem intitulada "5 razões para visitar a Fenasoft", listando cinco estandes imperdíveis. Um deles era o nosso.
5) Estande muito bem desenhado e com uma utilidade prática excepcional.
6) Uma competente exposição dos livros, que facilitava a circulação dos leitores e a rápida identificação dos livros.
7) Promoção de livros a preços e descontos especiais.
8) Captação de nomes para a mala-direta. Três meses antes do início das feiras, usávamos nossa mala-direta para convidar os clientes a nos visitar para conferir os lançamentos e a promoção de livros a preços especiais.

Cadastramento

Tínhamos no estande um espaço reservado para cadastrar novos leitores na mala-direta. Durante o evento, cadastrávamos cerca de cinco mil nomes, para os quais passávamos a enviar o jornal *Makron Books Informa*.

Informações editoriais

Durante a feira, ficávamos frente a frente com os leitores, o que nos propiciava uma oportunidade única para ouvir sugestões, idéias e reclamações. O contato com os leitores nos ajudava também a detectar as tendências e as necessidades do mercado editorial. Graças a esses contatos, conhecíamos melhor os temas que os leitores buscavam, e isso nos ajudava na formulação do próximo Plano de Publicação de Livros.

Um caso interessante ocorreu quando lançamos o primeiro livro de Delphi do autor Marco Cantu. A obra fazia parte de uma série, que batizamos de *Dominando o Delphi*.

Era um livro grande, de 21 x 28 centímetros, cerca de 600 páginas, completo e que, apesar do preço, R$ 140,00, tornou-se um best-seller. Os leitores vinham ao estande e pediam pelo livro. Para identificá-lo, diziam:

— Aquele grandão, a Bíblia!

Com isso, internamente, passamos também a nos referir ao livro como "A Bíblia do Delphi".

Na primeira reimpressão do livro, mandei colocar a capa com o subtítulo "A Bíblia". A partir daí, todos os livros da série passaram a ter o subtítulo "A Bíblia". Editoras concorrentes adotaram depois essa idéia.

Esse livro sobre o Delphi tem outra história interessante. Aos sábados, no último dia da feira, recebíamos visitantes de várias cidades do interior e de outros estados. Em um desses sábados, um jovem de origem japonesa veio em ônibus fretado de Londrina, no Paraná. Ele disse que, se oferecêssemos um desconto especial, o ônibus todo compraria o livro. Fizemos um desconto muito especial, e 36 jovens, rapazes e moças, compraram o livro.

Máquina de refrigerante

As feiras eram lotadas, muita gente mesmo. Isso fazia que as filas de bares fossem imensas. Levava-se muito tempo para comprar algo para beber. E eu estava sempre pensando em ações para agregar valor institucional e atrair visitantes para o estande.

Alguns meses antes de uma feira, eu tinha assistido a uma apresentação de uma empresa que colocava máquinas de refrigerantes em evento e, naquela ocasião, os organizadores da feira não se interessaram. Enxerguei uma oportunidade.

Negociamos e colocamos uma máquina no estande somente para os compradores de livros. Assim, quando o comprador concluía o pagamento, o caixa oferecia uma ficha para que ele pudesse tomar um refrigerante. O valor que essa simples ação agregava era surpreendente. A sede, as filas, a disponibilidade do refrigerante gelado transmitiam ao comprador uma sensação ótima.

— Puxa vida, eu estava morrendo de sede pensava em ficar lá na fila. Veio em boa hora!

Muitas vezes, quando o comprador estava acompanhado da esposa, namorada ou filho, oferecíamos duas ou mais fichas. O preço era insignificante para o valor que agregava, R$ 0,67 por refrigerante.

Esse refrigerante servia também para motivar as vendedoras. Várias vezes por dia, quando o calor e a sede eram fortes, oferecíamos a todas um refrigerante bem gelado, ao gosto de cada uma.

Essa simples ação agregava valor e estimulava as vendas.

Estou muito contente em poder contar minuciosamente este *case* de nossa participação nas feiras, notadamente as de informática. Porque, ao detalhar, o leitor talvez possa compreender a complexidade e a abrangência da utilização de todo ferramental de marketing e vendas.

Poderá também entender as relações profissionais, o incentivo e o treinamento que damos a todo pessoal que participava dos eventos.

De fora, os leitores viam um estande iluminado, livros à disposição, belas vendedoras, uma grande circulação de pessoas e uma alegria contagiante. De dentro para fora, como pude descrever no texto, havia uma preocupação constante com o atendimento aos clientes, para que eles se lembrassem sempre de nós.

LEITURA DINÂMICA E MEMORIZAÇÃO

Quando começamos a publicar livros de negócios no Brasil, fomos considerados inovadores. Já havia outros livros sendo publicados por algumas editoras sob o rótulo de "livros de administração". No entanto, com uma linha editorial específica e sob o título de "livros de negócios", fomos realmente pioneiros. Outra estratégia e foco editorial que nos ajudou a ganhar destaque no mercado foi o direcionamento para livros de marketing, publicidade, propaganda e comunicação em geral.

Publicamos o primeiro livro em português de vários temas na área de negócios, e eram livros importantes que os profissionais ficavam ávidos de ler, tais como *Marketing de Guerra* (1995), de Al Ries e Jack Trout, *Marketing de Serviços* (1988), de Marcos Cobra e Flavio Zwarg, *Maximarketing* de Stan Rapp, *Marketing Direto* (1989), de Drayton Bird, *Franchising* (1989), de Marcelo Cherto, *O Empreendedor* (1989), de Ronald Degen, *Gerentes Poderosos* (1990), de Peter Block, *Criatividade e Marketing* (1990), de Roberto Duailibi e Harry Simonsen Jr., *O Mundo sem Fronteira* (1990), de Kenichi Omae, entre outros. Foram livros inovadores que, ao chegarem ao mercado, despertaram um interesse enorme em profissionais, executivos, empresários, empreendedores, professores, estudantes e, principalmente, em pessoas que almejavam um futuro profissional melhor e que viam no conhecimento uma oportunidade de dar um salto profissional.

Nessa época, publicamos também o livro de Thomas Case, que tinha um título enorme: *Como Conquistar um Ótimo Emprego e Dar um Salto Importante em sua Carreira Profissional* (1989), e que espelhava exatamente o que acontecia naquele momento no mercado profissional brasileiro. Publicávamos vários livros por mês, livros atraentes e que eram tremendamente desejados pelos leitores.

Foi então que, certo dia, um amigo me disse:

— Estou com vários livros de negócios que comprei e não estou tendo tempo de ler todos eles. Vou deixar de comprá-los por uns tempos.

Mais uma vez, a maçã de Newton caiu forte em minha cabeça.

Quantos leitores estariam naquela situação? O que eu teria de fazer para que continuassem comprando livros todos os meses? Vieram-me algumas possíveis soluções:

1) Continuar a publicar sobre ótimos e inovadores temas, de autores competentes.
2) Continuar a trabalhar de maneira eficiente a distribuição e o marketing dos livros.
3) E uma idéia que, a princípio, me pareceu simples, mas que depois se revelou brilhante: publicar um livro de leitura dinâmica e memorização.

Os leitores que aprendessem leitura dinâmica iriam ler mais rápido, não teriam problemas com o acúmulo na prateleira e, conseqüentemente, continuariam a comprar livros todos os meses.

Entramos em contato com um profissional que ministrava cursos de leitura dinâmica e memorização, Elson Teixeira, e propusemos a publicação de um livro. Como era um livro bastante estratégico, trabalhamos com competência a promoção e a divulgação, focalizando o benefício da leitura dinâmica. O resultado foi ótimo. Em pouco tempo, tornou-se um best-seller.

Em nossa mala-direta, por meio do jornal *Makron Books Informa*, criamos uma promoção: na compra de dois livros, o terceiro saía de graça. Noventa por cento dos leitores que compravam dois livros escolhiam receber o *Leitura Dinâmica*. Tenho certeza de que o lançamento dessa obra, em 1993, alavancou a venda de livros de negócios por muitos anos.

Acabamos de lançar uma nova edição desse livro, revista e atualizada. Mais um exemplo de desenvolvimento de um novo produto, nesse caso, como solução e incentivo à venda de outros produtos da linha editorial.

ENTRE MULATAS E ODALISCAS

A promoção e a divulgação de livros universitários exigem um marketing diferenciado. Os temas desses livros objetivam cobrir a grade curricular de matérias dos cursos universitários, e o trabalho de promoção e divulgação é feito diretamente com os professores responsáveis pelas disciplinas dos temas dos livros. O objetivo é fazer o professor adotar o texto para o curso que ministra. Conseqüentemente, os alunos também compram o livro para seguir e estudar a matéria.

Para esse trabalho, as editoras utilizam promotores universitários, que visitam as universidades, contatam os professores e promovem os livros. É um trabalho muito parecido com o do propagandista de remédios, que visita médicos e oferece amostras grátis. O médico, por sua vez, receita aos pacientes, que compram o remédio nas farmácias.

Enquanto o propagandista deixa a amostra grátis com o médico, o promotor universitário, por meio de um trabalho de promoção e divulgação, obtém do professor um comprometimento para avaliar e indicar o livro aos alunos. Isso obriga as editoras a oferecerem treinamentos constantes a seus promotores. Na editora, o Departamento Universitário fazia um *follow-up* diário das atividades dos promotores. Havia reuniões semanais, e o gerente de marketing acompanhava os promotores em visitas a universidades de todo o Brasil. Além disso, duas vezes por ano, fazíamos reuniões de vendas e treinamento. Para essas reuniões, trazíamos promotores de todas as regiões do país. Durante uma semana, analisávamos o trabalho realizado no semestre anterior, anunciávamos os novos livros a serem publicados e planejávamos o semestre seguinte.

Este *case* é curioso pela ferramenta de motivação que utilizávamos.

A Coleção Schaum

A Coleção Schaum era composta por livros que haviam sido best-sellers no passado, mas, por serem edições antigas, estavam com as vendas em queda. Os promotores relutavam em promover e divulgar esses livros. Para nós, eram ainda títulos importantes, pois, independentemente de estarem em declínio, geravam uma receita certa, em função das adoções conquistadas no passado e que se mantinham.

Um dos compromissos que tínhamos com os promotores era dedicarmos duas semanas por semestre exclusivamente para promover a Coleção Schaum. Nessas duas semanas, promotores de todo o Brasil visitavam as universidades e divulgavam aos professores os livros dessa coleção. O trabalho incluía exposições dos livros nas livrarias das escolas e da cidade.

Como não estávamos obtendo o comprometimento dos promotores na execução das ações, resolvemos criar um fato estratégico. As reuniões semestrais eram feitas em um hotel em São Paulo. Delas participavam, além dos promotores e vendedores, os profissionais dos departamentos Editorial e Financeiro, do Depósito da própria editora, e convidados das empresas distribuidoras de nossos livros em Portugal, Espanha e México.

Para maior sucesso e impacto dessa ação, solicitei a colaboração de um dos supervisores de vendas, que, por suas relações pessoais extratrabalho, era para mim indispensável. Só ele e eu sabíamos da ação.

A reunião evoluía normalmente, seguindo o programa determinado, quando subitamente me levantei, interrompi o que estava acontecendo, bati na mesa fortemente e falei alto:

— Pára tudo! Pára tudo!

Foi uma surpresa geral. Todos me olharam, assustados, e continuei.

— Chegou a hora da verdade! Quero saber por que vocês não promovem a Coleção Schaum?

Bati outra vez na mesa, mais forte ainda, e passando os olhos sobre todos os presentes, falei de novo:

— Quem vai ter coragem de me dizer por que vocês não promovem a Coleção Schaum?

Alguns se mexeram incomodados, outros se encolheram nas cadeiras, todos assustados com a minha atitude.

Durante alguns minutos, em tom agressivo e desafiador, falei da importância da Coleção Schaum para nossas vendas e da necessidade do comprometimento deles com a promoção desses livros. Em seguida, dei a cada profissional uma camiseta branca com os dizeres "Eu amo Schaum!". Pedi que todos se levantassem e a vestissem. Depois, pedi que repetissem comigo três vezes:

— Eu amo Schaum!

Eles repetiram, constrangidos. Foi então que, a um sinal meu, entrou na sala um grupo de bateristas e sambistas da Escola de Samba Vai-Vai. Ao som de um surdo, um deles gritou:

— É Schaum, é Schaum, minha gente! — e a bateria rolou solta. — É Schaum, é Schaum!

As sambistas de biquíni dançavam ao som da bateria e cantavam:

— É Schaum, é Schaum!

Pela sala adentro, elas começaram a convidar o pessoal a dançar. A princípio assustados, os presentes não sabiam o que fazer. Aí eu gritei:

—Vamos dançar, pessoal! É Schaum, é Schaum!

A partir daí, a dança tomou conta da sala. Em poucos minutos, estavam todos dançando e repetindo o refrão:

— É Schaum, é Schaum!

Durante dez minutos, todos cantaram e dançaram. Depois, a um novo sinal meu, o homem do surdo gritou:

—A festa está boa, mas temos de ir embora. E foram saindo cantando:

— É Schaum, é Schaum!

Aos poucos, todos retornaram a seus lugares, ofegantes, alegres, risonhos, e eu disse:

— Repitam agora comigo três vezes: "É Schaum, é Schaum!".

Dessa vez, repetiram com prazer, e eu completei:

— Espero que, a partir de agora, vocês tenham aceitado a Schaum em seus corações... É Schaum, é Schaum!

Essa ação exigia uma interação entre vendedores e sambistas. Pelo conhecimento que eu tinha de nossos vendedores, eu não tinha dúvida de que aconteceria essa integração.

O resultado: nos meses seguintes, a Coleção Schaum voltou a ser promovida com prazer, e as vendas cresceram. Até hoje, quando encontro um daqueles participantes, eles me saúdam com "É Schaum, é Schaum!".

Os convidados das empresas distribuidoras de nossos livros em Portugal, Espanha e México comentaram essa ação em suas empresas. Quando os visitei posteriormente, pediram-me que eu desse uma palestra a seus vendedores, detalhando essa ação motivacional e apresentando os resultados crescentes das vendas.

Comprometimento de vendas

As reuniões semestrais de vendas duravam cinco dias. O último dia era dedicado à análise das vendas realizadas nos seis meses anteriores e à projeção e ao comprometimento para os seis meses seguintes.

Estrategicamente, apresentávamos números de vendas do período anterior de cada área e região e solicitávamos aos vendedores que comentassem os resultados. Era uma oportunidade para o promotor/vendedor vangloriar-se do resultado obtido, ou justificar-se pelos objetivos não alcançados. Vale lembrar que tínhamos representantes de vendas e promotores em São Paulo, Rio de Janeiro, Curitiba, Porto Alegre, Belo Horizonte, Recife e Ribeirão Preto.

Em seguida, havia uma cerimônia de premiação, com uma distribuição de cheques para os que haviam atingido os objetivos de vendas. Tínhamos outras premiações, também pagas em cheques, para metas alcançadas nas áreas de promoção, captação de originais e colaboração com os departamentos editorial e financeiro.

A última atividade da reunião de cinco dias eram os comprometimentos de vendas para os seis meses seguintes. Com base no desempenho dos períodos anteriores, estabelecíamos uma meta de crescimento das vendas em função dos lançamentos de livros previstos. Levávamos em conta também uma avaliação da microeconomia da região, incluindo a abertura de novas faculdades, escolas e livrarias.

Embora nós fixássemos as metas de vendas, era importante que cada um anunciasse esses números como deles. Essa atividade era a última da semana e ocorria depois da premiação, justamente para que houvesse um clima mais descontraído e propício para a apresentação dos comprometimentos de vendas.

Como na ação motivacional anterior, da Coleção Schaum, nossa intenção era criar um fato marcante antes do comprometimento com os objetivos de vendas. Queríamos estabelecer uma ruptura entre tudo o que havíamos conversado nos dias anteriores e o efetivo comprometimento dos profissionais. Queríamos que todos vivenciassem um momento de alegria, prazer e desprendimento, de modo que, ao definirmos os números de vendas que cada um deveria atingir no semestre seguinte, estivessem com a mente aberta.

Na época, estava na moda a dança do ventre. Tanto que haviam sido abertas várias casas noturnas em São Paulo onde ocorriam shows e apresentações de odaliscas. Foi daí que tive a idéia. Contratamos três odaliscas belíssimas para dançarem em nossa reunião. Antes da apresentação dos números das vendas a ser comprometidos, apagamos as luzes da sala, e uma das odaliscas, ao som de uma música própria para a dança, passou saltitante pela sala, espalhando um incenso aromatizado. Em seguida, elas fizeram a dança do ventre, uma de cada vez, para a surpresa e alegria de todos. Muitos só tinham visto a dança no cinema e na TV. Ao final, as três dançaram juntas e nos convidaram a dançar também. Uma mistura perfeita de beleza, música e perfume, de alto nível e bom gosto. Ao fim da dança, as odaliscas deixaram na sala um aroma leve de incenso e a música ainda a ecoar em nossos ouvidos.

Eu retomei o controle da reunião e apresentei os objetivos de vendas com os quais todos deveriam se comprometer. Como eu esperava, houve poucas discussões, e os números foram aceitos com tranqüilidade.

Essa ruptura que provocamos com a dança quebrou qualquer tensão que havia restado de debates e discussões anteriores, propiciando um ambiente perfeito para a finalização estratégica de nossa reunião.

As metas de vendas estavam traçadas, e todos estavam comprometidos com elas. A partir de então, era correr atrás.

PALESTRA TEMÁTICA

Este *case* vale muito a pena ser relatado para que o leitor possa estabelecer uma analogia com situações e condições que podem ocorrer a qualquer momento, dependendo das áreas de atuação e dos negócios de cada um.

Em outros *cases* já dissemos que fomos pioneiros em livros de informática no Brasil. Relatamos também que as livrarias, sobretudo seus vendedores, não estavam preparadas e capacitadas para vender livros da então nova tecnologia. Havia, no entanto, da parte deles uma vontade imensa de aprender, de saber. As portas estavam abertas para nos aproximarmos.

De nossa parte, capacitar os vendedores era uma oportunidade enorme de fixar nossa marca na mente desses profissionais. Afinal, eles é que, no dia-a-dia, ficam cara a cara com os leitores nas livrarias.

Montamos um projeto de capacitação e conhecimento na área de informática que tratava simplesmente de explicar o que era essa nova tecnologia, como e onde se aplicava, e o significado de alguns termos técnicos que começavam a surgir. Coisas simples, tais como: O que é um sistema operacional? Para que serve? O que é um banco de dados? O que é uma planilha eletrônica? O que são bits e bytes?

Tratava-se do início da informática. Estava tudo começando do zero.

O projeto consistia no seguinte: alugávamos um espaço em um hotel no centro da cidade e anunciávamos uma palestra gratuita e específica para balconistas de livrarias. Não havia limitação por livraria. Podiam se inscrever quantos balconistas quisessem.

Ao chegar à palestra, o convidado era recebido por recepcionistas, que já tinham um crachá pré-impresso com seu nome proveniente da lista de pré-registro. Ele recebia o portfólio da editora e um livro de introdução à informática que seria utilizado na palestra, caneta e um bloco para anotações.

O evento era realizado das 19h às 22h, com um bom e estimulante *coffee break*.

O palestrante era sempre um autor nosso já reconhecido pelos livros de informática publicados. Durante a palestra, ao explicar os temas, ele, de maneira discreta, relacionava-o com nossos livros. Nossa preocupação era que não se passasse uma idéia de promoção explícita. Ele podia mostrar nosso livro como exemplo, mas não podia dizer ou sugerir uma indicação explícita para vendas.

No espaço do *coffee break*, montávamos uma exposição de todos os nossos livros de informática, para que os convidados pudessem conhecer e consultar.

Ao fim da palestra, o participante recebia um certificado assinado pelo palestrante/autor e por mim, além de um livro de presente.

Esses eventos foram realizados em São Paulo, Rio de Janeiro, Porto Alegre e Ribeirão Preto e agregaram significativos valores à nossa marca e, principalmente, às vendas. Sentimos da parte dos vendedores das livrarias um reconhecimento a nosso trabalho, que se refletiu em fidelização à marca. Como fomos nós a ajudá-las na capacitação da nova tecnologia, houve uma reciprocidade clara por parte delas na indicação de livros aos clientes. Coube a nós, a partir de então, manter esse bom relacionamento e, durante um bom tempo, continuamos a enviar-lhes informações sobre as novidades e os novos conhecimentos na área de informática.

Essas palestras continuaram sendo feitas, com conteúdos cada vez mais técnicos. Ou seja, à medida que os balconistas absorviam conhecimentos específicos de informática, as novas palestras aprofundavam seus conhecimentos.

Como disse no início, este é um *case* em que aproveitamos um momento especial para agregar valor à marca e promover a fidelização de livrarias e distribuidores. Acredito que este exemplo possa ser utilizado e adaptado, dentro da atividade específica de cada um, ainda nos dias de hoje.

DICAS E TRUQUES

No início da informática no Brasil, a maioria dos livros publicados eram traduções de textos escritos por autores americanos. Isso porque tanto os computadores pessoais quanto os softwares que rodavam neles tinham sido criados e desenvolvidos nos Estados Unidos.

No Brasil, absorvíamos o pacote tecnológico pronto, o que era agravado pela "reserva de domínio" que o governo brasileiro criara para "proteger" o desenvolvimento tecnológico brasileiro, que, na realidade, pouco ocorreu. As empresas clonavam computadores e softwares americanos e lançavam como produto tupiniquim.

O país chegou a ter mais de 15 marcas locais de microcomputadores de 8 bits (Apple) e cerca de 150 marcas locais de microcomputadores de 16 bits. Para nós, editores, foi um momento mágico, pois esses microcomputadores e softwares eram instalados nas empresas, nas instituições e no governo, e as informações técnicas e operacionais dependiam dos livros. Como os micros e softwares eram clones dos originais Apples e PCs, traduziam-se os livros técnicos publicados nos Estados Unidos. Com pequena customização e adaptações terminológicas, ajustavam-se às necessidades dos leitores, usuários e profissionais da área. Como disse anteriormente, nesse período, o mercado de livros de informática foi sempre crescente.

Outra solução para o aprendizado da utilização das novas tecnologias eram os cursos de treinamentos. As empresas que revendiam os softwares básicos de processador de texto, banco de dados e planilha eletrônica, depois de instalarem esses programas nas máquinas dos clientes, ofereciam o suporte do treinamento, obviamente com o preço incluído no pacote de compra dos produtos.

Muitos desses cursos utilizavam nossos livros como material de apoio.

Tínhamos contatos estreitos com a Datalógica, distribuidora dos softwares para banco de dados DBase II, DBase III e DBase III Plus, este último um best-seller da época. Também tínhamos parcerias com a Brasoft, com o processador de texto Wordstar para Apple e PC, e com a Intercorp, com o Lotus 1-2-3. Além dessas três gigantes da época, havia outra grande companhia, a Compucenter, que distribuía vários softwares, sendo inclusive a representante da Microsoft no Brasil. Foi a Compucenter a responsável pela distribuição do sistema operacional MS/DOS, precursor do Windows, Word, Excel e Access.

Com o tempo, o mercado foi produzindo e formando profissionais e especialistas em informática. Como a grande maioria de nossos livros eram traduções, utilizávamos os serviços de revisão técnica e customização desse pessoal cada vez mais especializado.

Era uma via de mão dupla. Os tradutores e os revisores técnicos aproveitavam esse trabalho para aprofundarem seus conhecimentos, além, é lógico, de obter remuneração pelo serviço. E nós tínhamos a tradução, a revisão técnica e a customização de alto nível.

Nosso relacionamento com esses profissionais era muito próximo. Além do trabalho propriamente dito, discutíamos assuntos relacionados ao mercado e tendências. Foi em uma dessas conversas informais que duas profissionais da Brasof, responsáveis pela implantação e treinamento do Wordstar, fizeram um comentário que me chamou atenção:

— A gente ministra treinamento do Wordstar, os alunos fazem um monte de perguntas durante as aulas, eles lêem o manual e, mesmo assim, telefonam o dia inteiro para tirar dúvidas. Parece incrível!

Eu perguntei:

— São dúvidas importantes?

E elas responderam:

— Não! São detalhes, dúvidas pequenas, coisas que aparecem no dia-a-dia.

Eu continuei:

— Essas dúvidas são sempre as mesmas? As pessoas perguntam os mesmos detalhes de sempre?

Quando elas responderam que sim, pedi-lhes que passassem a anotar as perguntas que chegavam e as respostas e orientações que davam aos usuários. Em três meses, tínhamos um pequeno manual de perguntas e respostas de dúvidas específicas do Wordstar, que chamei de *Dicas e Truques*.

Como eu tinha relacionamento com outros distribuidores de softwares e utilizava também seus profissionais como tradutores e revisores, pedi-lhes que procedessem da mesma forma. Em pouco tempo, eu tinha uma nova série de livros de informática, *Dicas e Truques*, que cobria vários softwares, e agora de autores brasileiros.

Este é um exemplo de desenvolvimento de um novo produto, com a identificação do público-alvo com antecedência.

SÉRIE *LITE* – INFORMÁTICA

Este é um *case* de desenvolvimento de produto muito bem-sucedido. Em meados dos anos 1990, a Makron Books era considerada uma das mais importantes editoras de livros de informática no Brasil. Sua linha editorial era baseada em livros traduzidos de editoras internacionais, como Microsoft Press, Sybey, McGraw-Hill/Osborne, Prentice Hall, algumas editoras menores e alguns poucos autores nacionais, entre eles Laércio Vasconcelos, um especialista em livros de hardware.

Nossas principais séries eram a *Passo a Passo*, *Guia do Usuário*, *Incrível* e *Dominando "A Bíblia"*.

As séries *Passo a Passo* e *Incrível* eram compostas principalmente por livros para aplicativos, como Word, Excel e Access, e tinham entre 180 e 250 páginas por tema. A série *Passo a Passo* era um best-seller. Somente para ilustrar, sua concorrente, a série *Dummies*, era campeã de vendas em todo mundo, exceto no Brasil. Aqui, por mérito da editora Makron Books, a campeã de vendas era a *Passo a Passo*. Eram textos introdutórios, do tipo "how to", dirigido ao usuário que estivesse se iniciando no aprendizado do tema.

A cada ano, a cada anúncio de nova versão de um software, éramos obrigados a produzir um livro novo que cobrisse a versão mais recente. Assim, a cada ano, lançávamos uma versão nova do livro para acompanhar a versão nova dos softwares.

As versões do Word, Excel, Access e Power Point foram sendo lançadas anualmente, obrigando o usuário a se atualizar constantemente. Assim, ele tinha de comprar novos livros a cada ano.

Aos poucos, no entanto, houve uma reversão dessa tendência. As novidades técnicas trazidas pelas novas versões já não eram muitas ou significativas. Além disso, a empresa de softwares, antecipadamente, já ia anunciando as novidades, proporcionando ao usuário um conhecimento antecipado do que estava por vir. Dessa forma, os usuários que costumavam comprar novos livros a cada nova versão foram chegando à conclusão de que não havia mais necessidade de adquirir um livro novo para as novas versões.

Por outro lado, o livro que era chamado de "introdutório", por ter de ensinar todas as aplicações dos recursos, mesmo de maneira introdutória, teve seu número de páginas ampliado, chegando a 350 páginas por tema. Isso fez com que perdesse sua característica de introdutório, sem falar que seu preço passou a ser caro para um usuário iniciante.

O mercado tinha mudado. As séries *Passo a Passo*, *Incrível* e *Dummies* já não vendiam tanto. Precisávamos buscar outro nicho. Descobrimos então que havia um espaço a ser trabalhado: o de livros ainda introdutórios para iniciantes que desejassem saber sobre os softwares sem muita profundidade. Esses livros poderiam ser adotados em escolas profissionalizantes e em cursos de treinamento, substituindo as apostilas.

A primeira idéia foi buscar em uma editora internacional uma série que cumprisse esse objetivo. Encontramos algumas, mas, além de não ser exatamente o que buscávamos, era necessário pagarmos adiantamentos de direitos autorais e, posteriormente, direitos autorais sobre as vendas.

Pensamos então em contratar um autor local para escrever os livros dessa série. O problema era que teríamos de pagar um adiantamento pelo trabalho e, posteriormente, os direitos autorais sobre as vendas.

Esses livros introdutórios não requeriam um autor consagrado ou um grande *expert*.

Deveriam ser livros com informações básicas, para leitores iniciantes, e o autor do texto poderia ser alguém com conhecimento suficiente e, principalmente, com tempo e capacidade para escrever um texto técnico, bem simples.

Os livros deveriam ter no máximo 120 páginas por tema. Já acumulávamos uma experiência de 15 anos em publicação de livros de informática e tínhamos diversos colaboradores na qualidade de revisores técnicos. Por que não produzir esses livros internamente?

Em vez de termos um autor ou diversos autores de acordo com os temas dos livros, a idéia era contratar profissionais para escrever cada livro, sendo remunerados uma só vez pelo trabalho. Assim, não teríamos os custos posteriores de direitos autorais.

Contratamos os trabalhos de um revisor técnico free-lancer, Marcos Jorge, para coordenar o projeto dos livros. O primeiro trabalho foi a definição do conteúdo. Todos os livros da série deveriam ter um formato-padrão de apresentação de conteúdo. Assim, ao contratar um profissional para escrever sobre um determinado tema, o padrão deveria ser seguido, observando-se o caráter introdutório, passo a passo, e um número máximo de páginas.

Tanto o coordenador quanto nós indicávamos um escritor para um tema específico. Cabia, então, ao coordenador acompanhar o desenvolvimento do conteúdo, verificando se o texto estava seguindo os padrões da nova série e, obviamente, cumprindo o prazo determinado.

Como alavancagem da nova série, iniciamos o projeto com cinco temas, ou seja, cinco novos livros. Os temas escolhidos foram Windows, Word, Excel, Access e Power Point, todos produtos da Microsoft.

Faltava dar um nome para a série. Coincidentemente, naquele momento estavam sendo lançados produtos com pouca ou nenhuma caloria, sendo, por isso, chamados de *light*.

Como a série era introdutória e básica, apresentei a idéia de chamá-la de série Lite, ou seja, a reprodução da pronúncia da palavra *light*.

Era a maneira de fazer algo diferente.

A princípio, o pessoal do Editorial, que normalmente é preocupado com terminologias corretas, argumentou que a palavra correta era Light, mas fiz valer minha decisão. A série foi batizada de Lite – e foi um grande sucesso.

Desde o lançamento, a aceitação foi imediata. Ainda hoje, essa série é vendida no mercado. Se continuarem a produzir e se fizerem um marketing competente, ela ainda terá uma vida útil significativa.

Na área editorial, assim como em outras que fabriquem produtos para o varejo, independentemente do produto que se comercializa, as oportunidades são imensas. Os hábitos de consumo variam no decorrer dos anos, e quem trabalha com desenvolvimento de produto deve estar sempre atento a essas mudanças. Conhecendo bem seu produto, seu cliente e seu mercado, encontrará oportunidades para inovar ou para lançar novos produtos.

A SÉRIE *IDIOT'S GUIDE* E O PROFESSOR ALOPRADO

Havia um momento no mercado de livros de informática em todo o mundo, e por conseqüência no Brasil, em que as editoras procuravam diferenciar e destacar seus livros por meio do lançamento de séries. Os produtos eram sempre os mesmos – Windows, Word, Excel, Access e Power Point. A maneira de ensinar o usuário a interagir com os softwares era sempre a mesma, seguindo um passo a passo.

Diferenças mesmo havia no grau de profundidade com que os conhecimentos eram apresentados para usuários iniciantes, médios ou avançados. Isso sem falar na apresentação gráfica de cada série. Assim, havia no mercado a *Série Passo a Passo*, a *Série Life*, *Dummies para Leigos* e muitas outras. Na época, foi lançada nos Estados Unidos uma série chamada *Idiot's Guide*, para concorrer com a série *Dummies*. Como essa série aqui no Brasil era de um concorrente importante, resolvi comprar os direitos de publicação no país da *Idiot's Guide*.

Essas séries, geralmente, têm uma capa padronizada para todos os temas publicados. A *Idiot's Guide* tinha na capa a foto de um comediante americano bem conhecido, que, apesar de fazer graça e posar às vezes de idiota, passava também a imagem de um cara muito esperto, inteligente. Minha primeira idéia foi buscar no Brasil alguém conhecido, engraçado e que passasse ao público essa mesma idéia de inteligência e espertza.

Não foi fácil encontrar esse profissional, mas, seguindo um critério de eliminação, encontrei um possível candidato. Era um personagem da TV engraçado, um craque na arte que desempenhava. Era relativamente conhecido e passava uma idéia de qualidade. Além disso, pelas consultas preliminares que fiz, não cobraria muito para emprestar sua imagem.

Na conversa que tive com ele por telefone, sondei a possibilidade de sua participação. Expliquei-lhe o conceito da série *Idiot's Guide* e o porquê da minha intenção em convidá-lo. A princípio, ele achou a idéia interessante, mas ficou um pouco cético quanto ao possível nome da série, *Guia para Idiotas*.

Expliquei-lhe que, ao mesmo tempo em que ele fazia papel de não saber das coisas na televisão, pela sua virtuose também passava ao público uma idéia de inteligência e capacidade artística muito grande. Ele ficou de pensar no assunto e eu fiquei de telefonar-lhe.

Nesse meio tempo, como gosto de trabalhar e analisar o que se passa na mente do consumidor, e conhecendo a índole do brasileiro, comecei a questionar sobre a ação propriamente dita, imaginando um leitor, em uma livraria, comprando um livro que se chamasse *Windows para Idiotas*.

Por mais abertos e brincalhões que sejam os brasileiros, imaginei o desconforto que seria alguém entrar em uma livraria e pedir:

— Por favor, eu quero o livro *Windows para Idiotas*!

Foi então que tive a idéia de contratar uma empresa especializada em comportamento do consumidor para me ajudar a escolher um título para a série.

O professor aloprado

Este *case* está ligado ao anterior, do *Idiot's Guide*, porque foi muito importante para eu resolver uma situação pela qual passei durante uma palestra em Ribeirão Preto. Eu tinha sido convidado para dar uma palestra sobre "futuro profissional" para estudantes de Administração de Empresas da Universidade Moura Lacerda, nessa cidade no interior paulista. O local do evento era uma sala ampla que comportava cerca de 200 alunos. A sala estava lotada.

Os alunos que ouviriam a palestra eram do curso noturno. Para quem está habituado a dar palestras a estudantes em faculdades, esse é o melhor público. São pessoas que, muitas vezes, trabalham durante o dia e, por isso, valorizam bastante o curso que freqüentam. Conseqüentemente, costumam prestigiar as palestras ministradas por convidados de seus professores.

O tema de minha palestra era atraente para aqueles estudantes, pois lhes mostrava quais eram as oportunidades profissionais naquele momento no Brasil. Quando o professor que havia me convidado estava me apresentando ao público, falando de meu currículo, alguém na sala gritou:

— Ei, professor aloprado! Ei, professor aloprado!

É importante esclarecer, a quem não me conhece, que tenho uma cabeleira considerável e, nesse dia, por alguma razão, os cabelos estavam bem "armados". Acredito que lembrava mesmo o professor aloprado, aquele célebre personagem do filme de Jerry Lewis.

A voz vinha de um grupo de alunos sentados a minha direita, mais ou menos no meio da sala, nas cadeiras próximas à parede. Como a sala era plana, não dava para identificar o aluno. Enquanto o professor me apresentava, o aluno repetiu várias vezes:

— Ei, professor aloprado!

Pensei comigo: se esse cara ficar fazendo gracinhas, vai ser complicado dar a palestra. Olhei para o grupo e verifiquei que havia várias meninas e alguns rapazes. Um deles, no meio da turma, era o "engraçadinho".

Foi aí que tive a idéia do que fazer, e que remete ao *case* anterior da série *Idiot's Guide*. Quando o professor passou a palavra a mim, agradeci-lhe pelo convite e pela presença de todos. Em seguida, disse à sala:

— Antes de começar minha palestra, vou-lhes contar um episódio de marketing que vivenciei recentemente e que, acredito, seja bastante interessante para a carreira profissional de vocês.

O *case* da série *Incrível – Idiot's Guide*

Iniciei contando a eles sobre o *Idiot's Guide*, sobre nossa dificuldade de dar um nome à série, o contato com o artista brasileiro e, finalmente, a contratação de uma empresa especializada em comportamento do consumidor para nos ajudar a escolher o título da série. Vale enfatizar que a definição do título era tremendamente importante para estabelecer o direcionamento e a comunicação da série, visando atingir o público leitor que almejamos.

A empresa especializada havia convidado um grupo de sete leitores de livros de informática, contatados por nossa indicação, para participar de um *brainstorming* na Livraria Cultura do Conjunto Nacional, em São Paulo. Tal *brainstorming* seria conduzido por um profissional da empresa, e os participantes seriam remunerados pela colaboração. Por sugestão da empresa especializada, incluímos no grupo um funcionário nosso, Roberto Pedroso, na época nosso gerente comercial. Ele participaria da atividade sem se identificar como nosso funcionário.

A previsão era que o evento fosse durar três horas. Os leitores convidados foram colocados em uma sala, sentados em volta de uma grande mesa, e a reunião foi conduzida pelo consultor dessa empresa especializada em comportamento do consumidor. Em linhas gerais, o *brainstorming* funcionava assim:

Apresentavam-se vários livros de séries concorrentes do *Idiot's Guide* e discutia-se o conhecimento dos participantes dessas séries, procurando colher a opinião de todos sobre a forma de apresentação do conteúdo, a diagramação, o design, as cores das capas e os títulos de cada série. Em seguida, o consultor apresentava exemplares da série *Idiot's Guide* e perguntava se os leitores comprariam um livro com esse título. Por fim, pedia sugestões sobre o título da série com o qual eles se sentiriam confortáveis ou estimulados a comprar o livro.

Como disse anteriormente, esse *brainstorming* durava aproximadamente três horas. Fui convidado a acompanhar uma parte do trabalho, como espectador oculto. Na parede da sala onde estavam os leitores, havia um grande espelho, daqueles que você fica do lado de cá e não é visto por quem está do outro lado. Dali, protegido, pude ver que na sala havia um condutor do *brainstorming* e oito rapazes.

Você se lembra da razão de eu estar contando este *case*? É por causa daquele aluno no meio de um grupo de rapazes e meninas que dizia:

— Ei, professor aloprado!

Então perguntei a um profissional da empresa que estava realizando o *brainstorming*:

— Por que só há rapazes? Afinal, meninas também compram livros de informática.

O profissional me respondeu:

— Se colocarmos uma menina no grupo, isso prejudica todo resultado.

— Por quê? — eu quis saber.

— O comportamento de cada um desses rapazes pode mudar. Quem é tímido vai falar menos ainda. Quem tem excesso de autocrítica vai travar.

Por outro lado, alguns deles vão querer aparecer para a menina e vão falar pelos cotovelos. E tem também aqueles menos inteligentes que vão tentar sobressair fazendo piadinhas.

Enquanto eu contava essa história e olhava fixamente para o grupo sentado próximo à parede, eu reforcei:

— Esse, com certeza, é o menos inteligente de todos!

A sala ficou em silêncio total. Pude dar a palestra tranqüilamente. Nenhum dos alunos abandonou a sala antes do fim. E houve várias perguntas.

Sempre que vejo na TV anunciarem a apresentação do filme *O Professor Aloprado*, lembro-me de que fui ele uma vez, em Ribeirão Preto.

O título da série

O *brainstorming* trouxe um ótimo resultado para entendermos o comportamento do consumidor para a série de livros de informática. No Brasil, o leitor não gosta de se ver associado a uma série como o *Guia do Idiota*, *Guia do Inteligente*, *Guia do Esperto* etc. Decidimos lançar então a *Série Incrível*, com os livros *Guia Incrível do Windows*, *Guia Incrível de Word* etc.

Essa série foi relativamente bem-sucedida, mas hoje, com o declínio das vendas de livros de informática, foi descontinuada.

A primeira lição: ao lançar um produto, você deve se colocar na posição de um consumidor para bem interpretar seus anseios, desejos e necessidades e, principalmente, para identificar a melhor maneira de se comunicar com ele.

A segunda lição: esteja atento e tenha sempre na manga um *case*, uma história, vivida ou aprendida, que pode tirá-lo de apertos.

CASA DA CULTURA NO RIO DE JANEIRO

Este é um *case* que mostra como obtivemos vários benefícios mercadológicos no Rio de Janeiro e que se estendeu para todo o Brasil. Curiosamente, tudo ocorreu em decorrência de uma situação a princípio não prevista, mas que gerou uma oportunidade tremenda de praticar a criatividade em marketing.

Nossa editora era localizada em São Paulo, com uma filial em Ribeirão Preto, e tínhamos uma equipe de profissionais de marketing e vendas muito bem estruturada. Com essa equipe, cobríamos bem a capital paulista e todo o restante do estado. Tínhamos também representantes de vendas em Porto Alegre, Curitiba, Recife e Fortaleza.

Como atendíamos bem o estado de São Paulo, decidimos investir no Rio de Janeiro, uma vez que nossos principais concorrentes tinham sua matriz lá e, da mesma maneira que em São Paulo, eles trabalhavam bem as promoções e as vendas em todo estado do Rio, principalmente na cidade do Rio de Janeiro.

Como tínhamos um pequeno escritório no Largo do Machado, decidimos buscar um espaço maior. A idéia era contratar mais pessoas e ter um *showroom* para expor todos os nossos livros ao público.

As livrarias, inclusive as *megastores*, não têm um espaço físico específico para expor todos os livros das editoras. Como regra, os livros expostos são sempre os de maior giro. Os outros são vendidos pela internet.

O ideal era que tivéssemos um lugar no Rio em que todos os nossos livros estivessem expostos e à venda.

Decidimos que as melhores regiões seriam Botafogo, Catete e Flamengo, por estarem no meio do caminho entre a zona sul e o centro da cidade. Além disso, essas áreas reúnem várias empresas e escolas e dispõem de farta condução, inclusive o metrô.

O funcionário encarregado de prospectar o Rio, Roberto Barbosa, após dez dias de visitas sem sucesso, telefonou-me:

— Chefe, não encontrei nada que valha a pena em Botafogo, Catete e Flamengo. O que achei foi um casarão colonial muito lindo pelo mesmo preço de aluguel que a gente está pensando em pagar. Só que fica na Gávea.

Minha primeira reação foi negativa, mas o problema é que voltaríamos à estaca zero. Ficaríamos no mesmo escritório, sem grandes possibilidades de crescer.

Tomei uma decisão. Fui ao Rio ver alguns dos imóveis que Roberto havia selecionado nas regiões que havíamos escolhido, e também o tal casarão na Gávea.

O casarão era realmente bonito, de estilo colonial, com uma árvore grande e frondosa no jardim. Ficava bem em frente ao portão lateral do estacionamento da PUC do Rio, que tinha muitas árvores também. Atrás havia casas e pequenos prédios já encostados no início da floresta da Tijuca.

Tanto o casarão quanto o entorno eram bastante atraentes. Os problemas eram a localização e a condução. Apesar de ficar em frente à PUC do Rio, era longe de Botafogo, Catete, Flamengo, Zona Sul, Ipanema e Leblon.

Minha dúvida era como levar professores, profissionais e estudantes a visitar o *showroom*. Para nós, era muito importante ter um lugar no Rio de Janeiro onde pudéssemos expor nossos livros. Apesar de nossos esforços de vendas, as livrarias da cidade não tinham como expor todos os nossos livros.

Foi aí que a criatividade em marketing funcionou. Depois de trabalhar e conviver bastante com cariocas e fluminenses, aprendi a respeitá-los e conhecê-los. Decidi então alugar o casarão para ser nossa filial no Rio, mas sob a "fachada" de uma Casa de Cultura.

Quem conhece a região sabe que é uma área nobre, próxima à TV Globo (Jardim Botânico), ao Shopping Gávea e em frente à PUC, e cercada de casas residenciais de alto nível.

Por isso, a idéia de termos uma Casa da Cultura Makron Books era uma maneira muito simpática de chegarmos com força ao Rio, agregando valores culturais ao bairro. Para isso, precisávamos transformar nossa filial do Rio em uma Casa de Cultura, mas, ao mesmo tempo, precisávamos que ela ajudasse na promoção e nas vendas de nossos livros.

O projeto da Casa da Cultura

Quando alugamos o casarão, não tínhamos qualquer projeto para uma Casa de Cultura. Por isso, aproveitamos o tempo que teríamos com as reformas no prédio para criar e implantar o conceito.

Para explicar o conceito e o projeto, é importante explicar a disposição física do ambiente. O casarão era um sobrado isolado, com muros altos e um portão de chapas de ferro. Entre o casarão e o portão havia um grande espaço, com lajotas e algumas ilhas de vegetação.

No andar térreo tínhamos quatro espaços específicos. A primeira sala de entrada, a maior, foi destinada à livraria, onde colocamos exemplares de todos os nossos livros. Seria então o *showroom*, mas, por ser uma Casa da Cultura, chamamos de Biblioteca.

Na sala ao lado colocamos três mesas redondas com cadeiras para estudos em grupo, chamada de Sala de Estudos.

Na sala mais atrás, colocamos quatro computadores com os softwares básicos do Office da Microsoft e uma impressora.

No térreo havia ainda a copa/cozinha e os banheiros.

Esses ambientes visavam atrair estudantes e professores da PUC para visitar nossa Biblioteca. Eles podiam selecionar livros e utilizar a Sala de Estudos para a leitura.

A sala dos computadores era utilizada pelos estudantes para trabalhos escolares. O estudante reservava o horário e podia usar o computador por uma hora.

Na parte superior tínhamos uma sala ampla, que foi transformada em Auditório, com capacidade para 40 poltronas.

Duas outras salas eram ocupadas por nossos funcionários administrativos e representantes de vendas. Nessas duas salas funcionava, de fato, a nossa filial do Rio de Janeiro.

O Auditório tinha a missão especial de atrair os profissionais. Para isso, programamos palestras semanais gratuitas sobre temas ligados à cultura organizacional de nossa editora e sobre temas dos livros que publicávamos. Os temas mais freqüentes eram negócios e informática.

Com um mês de antecedência, anunciávamos as palestras por meio do jornal *Makron Books Informa*, e os leitores se inscreviam. Como tínhamos somente 30 lugares, quando o número de inscrição excedia, criávamos uma lista de espera. Alguns dias antes da palestra, os leitores inscritos eram procurados para confirmarem presença. No caso de desistência, recorríamos à lista de espera.

Apesar de todo esse *follow-up,* a média do público era de 18 pessoas por palestra.

As palestras duravam cerca de 90 minutos, com um intervalo para *coffee break*, que proporcionava a oportunidade de conversarem, fazerem contatos, trocarem cartões, para negócios futuros. Ao fim da palestra, era oferecido um certificado, assinado pelo palestrante e por um representante da editora.

O palestrante era sempre um profissional convidado que dominasse o tema e que tivesse um currículo compatível. A palestra era ministrada sem ônus por parte do palestrante e sem cobrança por parte da editora. O palestrante tinha a oportunidade de expor suas idéias. Muitos eram consultores ou professores e utilizavam esse espaço para fazer contatos e negócios.

Os participantes utilizavam a palestra para absorver novos conhecimentos, fazer contatos e obter um certificado que podia melhorar seu currículo profissional.

A editora ganhava em termos da captação de novos clientes, fidelização, venda de livros e, principalmente, na imagem corporativa de disseminadora do conhecimento e da cultura.

A Casa da Cultura servia também como pólo de atração para que consultores, professores e autores nos procurassem para oferecer textos para avaliação e publicação.

Casa da Cultura: o lado cultural

Quando alugamos o casarão e criamos o conceito de Casa da Cultura, precisávamos ter, de fato, um ambiente que fosse considerado uma Casa da Cultura, principalmente por estarmos localizados em um bairro residencial nobre, com um alto nível cultural. Além disso, oficializaríamos a abertura da Casa da Cultura para a comunidade do bairro.

A primeira providência foi confeccionar uma placa de bronze com os dizeres "Casa da Cultura Makron Books", que fixamos ao lado do portão de entrada, do lado de fora. Em seguida, criamos um espaço para exposição de arte, principalmente pinturas, utilizando as paredes internas de todo o prédio. Os quadros eram colocados nas paredes de todos os ambientes e, assim, viravam uma exposição. Estabelecemos que a cada mês entraria um novo pintor para divulgar seu acervo. Assim, a cada mês, tínhamos uma vernissage. Bancávamos os convites, enquanto o pintor ou seu patrocinador arcava com o coquetel. A renda da venda dos quadros era integralmente do pintor. Como recompensa por cedermos o espaço e o mailing, o pintor nos presenteava com um dos quadros.

A Casa da Cultura foi um espaço importante para a arte do Rio de Janeiro, principalmente pela oportunidade que proporcionou aos novos pintores.

A inauguração

Para o dia da inauguração do espaço, convidamos professores, livreiros, editores, autores, colaboradores, empresários, profissionais das áreas de negócios e informática, estudantes, jornalistas e representantes da comunidade do bairro.

Fizemos coincidir a data com a abertura da Bienal do Livro do Rio de Janeiro e, assim, conseguimos contar com a presença de diversas personalidades e profissionais do livro de todo o Brasil que estavam no Rio para a Bienal.

Projetos especiais derivados da Casa da Cultura

A mídia nos deu espaços generosos. As exposições de pintura apareciam nos jornais e revistas da programação cultural semanal da cidade. As palestras eram um sucesso. Precisávamos, no entanto, gerar novas ações para a imagem da Casa da Cultura e, conseqüentemente, da Makron Books.

Na área de ecologia e meio ambiente, publicamos um livro sobre a história e o reflorestamento da floresta da Tijuca que nos proporcionou uma aproximação com as Associações de Proteção à Floresta da Tijuca. A partir do lançamento do livro, passamos a participar com ações e contribuições para a preservação da maior floresta urbana do mundo.

Quanto ao teatro, associamo-nos a Montenegro e Raman, competentes produtores de teatro do Rio de Janeiro, para contribuirmos com patrocínio e apoio cultural a eventos produzidos por eles.

Patrocinamos e demos apoio cultural a várias peças teatrais, tais como *Chiquinha Gonzaga*, *Blue Jeans* e o infantil *Desenhos Animados*. Ajudamos atores, tais como Mauro Mendonça, Rosamaria Murtinho, Nathalia Timberg e Flavia Montenegro, e patrocinamos e lançamos CDs da extraordinária Selma Reis.

O auditório da Casa da Cultura passou a ser utilizado por artistas de teatro e novelas para leituras de textos e para exercícios de laboratórios para personagens. Na área de esporte, patrocinamos uma equipe de futebol de areia de estudantes e professores do Leme, um competidor de surfe com caiaque e um lutador de judô. Participamos também de um projeto de cidadania com a PUC, além de muitos outros eventos culturais.

Todas essas atividades eram divulgadas pela mídia e agregava valores à marca Makron Books. O resultado foi confirmado com o crescimento de nossas vendas e a consolidação de nossa imagem no Rio de Janeiro.

Como reconhecimento, fui agraciado com as medalhas Tiradentes e Pedro Ernesto, outorgadas pela Assembléia do Estado do Rio de Janeiro e pela Câmara Municipal do Rio de Janeiro, respectivamente, concedendo-me os títulos de Cidadão Carioca e Cidadão Fluminense.

A Casa da Cultura, que recebia um espaço destacado da mídia e cujas atividades difundíamos por meio do jornal *Makron Books Informa*, tornou-se tão reconhecida que recebemos solicitações de entidades e associações do Ceará, Pernambuco, Santa Catarina e mesmo do interior do estado de São Paulo para que abríssemos novas Casas da Cultura naqueles locais.

Como se pode ver, este é um *case* de marketing completo, em que exploramos todas as ferramentas que o marketing pode oferecer. Enquanto estivemos à frente da Makron Books, a Casa da Cultura contribuiu para a comunidade do Rio de Janeiro e para a imagem institucional da editora.

JEREMY RIFKIN E *O FIM DOS EMPREGOS*

Tenho uma grande admiração pelo escritor americano Jeremy Rifkin, com quem tenho a honra de manter um relacionamento direto e próximo. Apesar de ter publicado em português vários de seus livros, como *A Era do Acesso* (1997), *O Século da Biotecnologia* (1999), *A Economia do Hidrogênio* (2002) e *O Sonho Europeu* (2005), o livro que realmente o tornou conhecido e respeitado no Brasil foi *O Fim dos Empregos* (1996).

No início da década de 1990, a empregabilidade ainda era um tema pouco debatido no mundo. Foi Rifkin quem chamou atenção para essa questão. Seu livro é um verdadeiro tratado da história do trabalho no século XX. Em síntese, a obra mostra que, com a evolução tecnológica, o advento dos computadores e a crescente utilização de máquinas e robôs, os empregos formais, principalmente no chão de fábrica, iriam reduzir-se drasticamente. As pessoas que desempenhavam atividades repetitivas nas indústrias seriam substituídas pela tecnologia, ou seja, pelas máquinas. Com isso, as vagas e os empregos desses trabalhadores seriam extintos.

O livro aponta alguns caminhos para minimizar o problema, e era isso que eu desejava que todos soubessem. Por isso, eu achava que precisava dar uma atenção muito mais especial ao lançamento desse livro no Brasil. Como homem de negócios, sempre fui preocupado com questões relativas ao emprego. Quando vi o livro de Rifkin, tive a clara convicção de que deveria publicá-lo em português no Brasil e, principalmente, tentar fazer que sua mensagem fosse assimilada por líderes empresariais e pelo poder público.

Uma coisa que me incomoda é a falta de perspectiva enfrentada por milhares de estudantes universitários que, a cada ano, se graduam em suas respectivas especializações, sem que haja por parte da sociedade, da iniciativa privada e, principalmente, dos responsáveis pelas políticas trabalhistas um comprometimento com o trabalho e o emprego.

O livro O Fim dos Empregos era atraente, polêmico e até assustador, pois trazia afirmações que derrubavam paradigmas tanto na iniciativa privada quanto na política trabalhista e sindical. Além disso, tratava-se de um ótimo produto para trabalhar o marketing editorial, pois tinha ingredientes perfeitos para promoção e ações estratégicas de divulgação.

A estratégia de lançamento

A primeira coisa que fiz foi buscar um tradutor e um revisor técnico de alto nível. O texto da tradução em português tinha de ser impecável. Utilizamos a mesma qualidade gráfica do livro publicado nos Estados Unidos, inclusive o mesmo desenho de capa, que era muito bom. Em seguida, estabeleci a estratégia de lançamento do livro no mercado brasileiro, que obedeceu a sete ações:

1ª ação: Enviamos exemplares do livro para revistas, jornais, rádios e televisões, acompanhados de um *release* agressivo anunciando o fim dos empregos. O objetivo era obter um grande número de mídia espontânea na forma de comentários e artigos que pudessem provocar discussões e debates.

2ª ação: Enviamos exemplares do livro para diversas personalidades políticas das esferas federal, estadual e municipal, atuantes em áreas ligadas às políticas trabalhistas. Foram enviados livros para o então presidente da República, Fernando Henrique Cardoso, para vários ministros, senadores (como Ulysses Guimarães e Eduardo Suplicy), governadores (como Mário Covas), prefeitos e outros políticos de elevado reconhecimento público. O objetivo era levar-lhes a mensagem de que as vagas de emprego formal na iniciativa privada diminuiriam, e alguma coisa tinha de ser feita.

3ª ação: Enviamos livros para líderes sindicais ligados na época ao PT e ao PC do B. O objetivo era o mesmo da ação anterior, ou seja, alertá-los que o número de empregos formais nas indústrias iria reduzir-se gradativamente.

4ª ação: Distribuímos e disponibilizamos o livro nas principais livrarias de todo o país, em lugares de destaque. Para essa ação foi preciso fazer uma negociação com as livrarias, para a obtenção desses espaços.

5ª ação: Divulgamos o livro com grande destaque no jornal *Makron Books Informa*, enviado mensalmente para cerca de 150 mil pessoas.

6ª ação: Por meio de nossa equipe de promotores, oferecemos o livro como cortesia a professores em faculdades de todo o Brasil, visando à adoção da obra ou sua indicação para alunos dos cursos de Administração, Economia, Direito e Sociologia, entre outros.

7ª ação: A iniciativa mais gratificante, promovida seis meses após o lançamento, quando o livro já gerava discussões e polêmicas, foi trazer Rifkin ao Brasil para uma palestra para convidados especiais da editora. Cento e cinqüenta privilegiados prestigiaram e ouviram Rifkin discorrer sobre o tema do livro. Programamos também duas palestras para alunos e professores dos cursos de MBA da Faap e da Fundação Getulio Vargas, além de uma visita a diretores e professores da Faculdade de Economia e Administração da Universidade de São Paulo (FEA-USP).

Como a maioria dos veículos de comunicação já tinha publicado resenhas ou artigos sobre o livro, fechamos uma entrevista exclusiva de Rifkin para a revista *Exame*.

A visita do autor ao Brasil rendeu frutos em todos os sentidos: as vendas dos livros cresceram, provocou importantes debates e discussões no meio empresarial e gerou um fato político significativo que poucos conhecem e que agora tomo a liberdade de contar.

Mudança no rumo político

O livro, como disse anteriormente, anunciava que, com a evolução tecnológica, a utilização dos computadores, a robotização e a internet, a tendência é haver uma redução drástica nas tarefas repetitivas e nos empregos formais de nível médio, tais como as desempenhadas por auxiliares, assistentes, supervisores, secretárias e alguns profissionais de nível gerencial. As grandes mudanças ocorreriam no chão de fábrica das indústrias. O trabalhador acordaria em uma manhã e descobrir que a função dele na empresa tinha simplesmente sido extinta.

Foi então que, certo dia, recebi um telefonema de Rifkin. Ele avisou-me que recebera um convite de um líder político brasileiro para duas palestras no Brasil, uma em Ribeirão Preto, outra em São Paulo. Perguntou-me se eu conhecia Antonio Palocci, então prefeito de Ribeirão Preto e futuro ministro da Fazenda no governo Lula.

Eu conhecia bem Palocci, pois tinha publicado seu livro - *A Reforma do Estado e os Municípios* (1998) –, uma obra muito importante, que narra e descreve a atuação estratégica de administração pública que ele tinha implementado com sucesso em Ribeirão Preto, notadamente as ações sociais e de infra-estrutura. Palocci havia surpreendido a todos, incluindo seus correligionários do PT, pois privatizara a Cia. Municipal Telefônica, uma empresa altamente deficitária. Com isso, ele contrariara a política estatizante de seu partido.

A pedido de Rifkin, que me solicitou que o acompanhasse durante sua visita, procurei o pessoal de Ribeirão Preto e entrei no circuito, isto é, passei acompanhar a preparação de sua nova visita o Brasil. Nessa minha interferência, consegui negociar com os organizadores a aquisição de uma quantidade de livros, justificando que seria estratégico distribuí-los aos convidados e que proporcionaria ao autor o prazer de autografá-los. Para aproveitar sua viagem, solicitei a Rifkin que chegasse ao Brasil dois dias antes do programado, para que pudéssemos trabalhar entrevistas e promover o livro. Fomos muito bem-sucedidos, pois conseguimos emplacar ótimos artigos e reportagens na revista *Exame*, na *Folha de S.Paulo* e na *Gazeta Mercantil*.

Seguimos para Ribeirão Preto de avião pela manhã. A palestra estava programada para aquela mesma noite na Associação Comercial, onde o autor foi recepcionado pelo prefeito Antonio Palocci e pelo presidente da associação. Estavam presentes também líderes empresariais, sindicais e políticos da cidade, além de professores universitários, diretores da associação e outros convidados especiais.

O tema O Fim dos Empregos continuava atual e polêmico e causou nos participantes um impacto enorme. Foram feitas muitas perguntas e gerou um intenso debate social e político.

No dia seguinte, viajamos para São Paulo para uma palestra programada para as lideranças sindicais e políticas, além de filiados do PT de São Paulo, ABC, Brasília e outros estados. Estavam presentes lideranças de grande relevância no cenário político brasileiro.

Como ocorrera em Ribeirão Preto, foi uma palestra objetiva e esclarecedora. Muitos participantes já tinham lido o livro e conheciam o tema. Alguns tinham recebido um exemplar quando fizemos o trabalho de divulgação durante o lançamento.

Na época, as lideranças sindicais lutavam bravamente pela manutenção dos postos de trabalho no chão de fábrica. Os focos principais da atividade sindical no país eram a manutenção do nível de empregos, principalmente nas indústrias, e a jornada de trabalho.

Acontece que Rifkin, em seu livro O Fim dos Empregos, com uma visão inovadora do futuro, mostrava justamente que uma dessas bandeiras do sindicalismo estava condenada a sofrer um duro golpe. Sua palestra provocou debates e discussões, que estimularam os dirigentes sindicais e políticos a repensar os rumos da política trabalhista. Rifkin alertou também sobre a necessidade de um forte investimento na educação, na profissionalização e no conhecimento técnico. Sua proposta era promover um salto de qualificação profissional por meio do conhecimento.

Vários participantes do evento já tinham consciência disso tudo. No entanto, foi tremendamente convincente ter sido dito por Rifkin. Acredito que várias mudanças já estavam sendo feitas, mas essa palestra foi importante para a mudança nos rumos da política sindical brasileira.

A decisão de convidar Jeremy Rifkin para essas duas palestras em Ribeirão Preto e São Paulo mostra a visão estratégica e a ação prática de alguém preocupado com o futuro dos trabalhadores do Brasil. Além disso, com esse projeto, pudemos exercitar um planejamento de marketing completo, utilizando as ferramentas de promoção, divulgação, entrevistas, palestras, distribuição e fixação da imagem da editora. As ações desenvolvidas nas áreas pública e sindical foram uma contribuição importante que demos às causas sociais.

Em 2005, publicamos pela *M.Books* uma nova edição do livro *O Fim dos Empregos* com um prefácio atualizado e exclusivo que Rifkin nos enviou. O conteúdo do texto é exatamente igual ao publicado em 1996, e apesar do tempo, continua atualíssimo. Este livro está hoje disponível regularmente em nosso catálogo.

MEU PÉ DE JABUTICABA

No fim da década de 1990, quando o tema cidadania começou a ser debatido no Brasil, algumas entidades levantaram essa bandeira e proporcionaram debates e contribuições importantes, que hoje têm reflexos positivos em toda sociedade. Naquela época, a Makron Books tinha uma parceria com a PUC do Rio que resultou na publicação de importantes livros de seus professores. Uma dessas contribuições foi o livro *Construindo Cidadania* (1995).

Se não foi o primeiro, foi um dos primeiros livros sobre o tema no Brasil. O livro, apesar de ser muito bom, muito bem escrito, não foi um best-seller, por tratar de um assunto ainda novo na época no Brasil. Mas ele cumpriu sua função editorial e deu sua contribuição para a discussão do tema. Vendeu uma edição completa, foi reimpresso, ficou ainda por algum tempo na linha editorial, até ser descontinuado.

O objetivo de contar essas histórias é para registrar um fato marcante e curioso que ocorreu no lançamento do livro e que serviu de lição e aprendizado para minhas participações em outros eventos semelhantes. Para o lançamento do *Construindo Cidadania*, a PUC do Rio organizou um debate sobre o tema no auditório principal da universidade, na Gávea. O reitor, representando a entidade, e eu, representando a editora, deveríamos discorrer sobre o tema. Após nossa apresentação, seriam abertos debates para o público presente.

Cerca de uma hora antes de iniciar a programação, dirigi-me à sala da Reitoria para acertarmos as formalidades da cerimônia. Estava lá aguardando o horário para iniciar o evento, quando o reitor me perguntou:

— O que é cidadania para você?

Informalmente, respondi-lhe contando praticamente quase tudo que tinha preparado para expor na minha apresentação no evento. Fomos então para a cerimônia e compusemos a mesa. O primeiro a falar foi o reitor. Ele começou sua apresentação, dizendo algo assim:

— Há poucos momentos, conversando com o sr. Milton Assumpção, aqui presente, perguntei-lhe o que é cidadania. E o que ele me respondeu corresponde exatamente ao meu entendimento do tema.

Aí ele falou praticamente tudo que eu tinha lhe dito na conversa informal e que era basicamente o que eu pretendia falar em seguida. À medida que ele falava, comecei a me questionar: "E agora, o que eu falo?".

Eu disse anteriormente que, por experiência, tenho alguns discursos prontos para ocasiões de surpresa. Quase por mágica, veio-me à mente uma frase que tinha ouvido recentemente de um profissional e autor de livros que admiro muito, Paulo Gaudêncio: "Felicidade é chupar jabuticaba no pé".

Pensei comigo, é por aí. Vou relacionar cidadania à felicidade de cada um.

Quando a palavra foi passada a mim, iniciei citando o autor e disse firmemente em alto e bom tom:

— Felicidade é chupar jabuticaba no pé.

A princípio, fiquei em dúvida se o público tinha entendido o significado de minha afirmação naquele momento, principalmente porque eu sabia que muitas pessoas que vivem em cidades grandes, como Rio e São Paulo, nunca viram um pé de jabuticaba nem sabem que elas brotam e crescem grudadas ao tronco.

Depois, emendei:

— Felicidade pode ser um bom emprego, um carro novo, uma casa de alvenaria na favela, uma família feliz, chupar jabuticaba no pé... — e prossegui relacionando situações urbanas à felicidade de cada um.

Terminei minha exposição enfatizando que todo indivíduo que vive em comunidade e que tem sonhos e aspirações, que busca a felicidade para si e sua família, pratica cidadania e se sente recompensado em ser reconhecido como cidadão.

A partir daí, emendei o conceito de "ser feliz", relacionando-o às expectativas de felicidade de indivíduos com aspirações e sonhos diferentes, menores e maiores. Quando terminei de falar, fui muito aplaudido, e esse tema, felicidade e cidadania, foi o mais debatido no evento. Ao final do evento, várias pessoas vieram me dizer da curiosidade de se relacionar a figura de um pé de jabuticaba com felicidade. Outras disseram que as fiz lembrar-se de sua infância.

Desse episódio tirei três lições importantes:

1) Quando participar de um debate, se possível, procure ser o primeiro a falar. Se você não for primeiro, não discorra sobre o tema que você preparou para os outros debatedores, antes do evento.

2) Se algum debatedor discorrer sobre algo semelhante ao que você preparou, substitua ou mude imediatamente seu mote.

3) Tenha sempre idéias, *cases*, exemplos e discursos prontos para situações imprevistas.

Este *case* enfatiza a necessidade de se ter um conhecimento específico que você domina em relação a sua profissão ou negócio. Como recomendação, sugiro que, ao ler um livro, uma revista ou um jornal, ao assistir a uma palestra ou um debate, no dia-a-dia, ao ouvir uma frase, um pensamento ou uma afirmação que lhe pareça significativa, anote e reflita. Quem sabe isso não o salvará em uma situação imprevista.

EMPRESA CIDADÃ

A partir de 1990, a conscientização das responsabilidades das pessoas, das instituições e das empresas em relação a temas como ecologia, meio ambiente e responsabilidade social passou a ser assimilada e assumida. Anteriormente, algumas empresas já tinham preocupações com a ecologia e com o meio ambiente e praticavam a responsabilidade social, principalmente junto a comunidades carentes, de maneira constante e efetiva, sem, no entanto, tornar isso público. Muitas vezes, empresas e empresários prefeririam o anonimato para evitar críticas de que estariam aproveitando a divulgação dessa "caridade" em benefício próprio.

Com o passar dos anos, a necessidade de incentivar outras empresas e instituições a praticar essas atividades fez que as contribuições passassem a ser divulgadas como exemplos a ser seguidos. À medida que isso acontecia, aumentavam as participações de empresas e instituições, que, por sua vez, sentiam-se mais à vontade para tornar públicas suas contribuições.

O Fórum Mundial no Rio de Janeiro, em 1992, foi determinante para que as pessoas e as empresas assimilassem essas novas exigências fundamentais para a preservação do planeta e da vida existente nele.

À medida que os termos ecologia, meio ambiente e responsabilidade social ganhavam importância, as empresas, naturalmente, foram se sentindo à vontade para utilizar essas ações como ferramenta de marketing. Uma empresa que conseguisse agregar à sua imagem esse conceito de contribuição social junto ao consumidor teria preferência de compra. Há também os que entendem que a empresa, na realidade, está apenas devolvendo para a comunidade parte dos lucros que auferira dessa mesma comunidade.

Na época, tínhamos também essa preocupação. Praticávamos a responsabilidade social junto a duas comunidades carentes e tínhamos publicado três livros sobre os temas ecologia e meio ambiente, lançados durante o Fórum Mundial de 1992. Este é um *case* interessante porque alia oportunidade, visão estratégica, criatividade e comunicação.

Como disse anteriormente, já praticávamos responsabilidade social como as outras empresas, anonimamente. Não fazíamos propaganda disso. Viajando para a Feira do Livro de Los Angeles, fui almoçar no Hard Rock Café, o primeiro da rede aberto nos Estados Unidos. A garçonete entregou-me o cardápio e percebi que era em papel reciclado. Na parte da frente havia a descrição dos pratos e os preços. No verso havia um texto sobre ecologia, meio ambiente e responsabilidade social, assim como uma lista de contribuições que a cadeia de restaurantes fazia para a comunidade de Los Angeles. A empresa divulgava suas ações de forma tremendamente positiva.

Aí a maçã bateu forte em minha cabeça!

Quando voltei ao Brasil, já tinha um projeto definido e estava ansioso para colocá-lo em prática. Como não possuía verba para grandes contribuições, optei pela diversidade. Assim, definimos uma lista de contribuições que contemplasse três temas – ecologia, meio ambiente e responsabilidade social – e que coubesse dentro da verba disponível.

Ecologia e meio ambiente

Por meio da Casa de Cultura Makron Books no Rio de Janeiro, publicamos um livro sobre a preservação da floresta da Tijuca e passamos a contribuir efetivamente com associações responsáveis por essa manutenção.

Associamo-nos a ONGs de preservação da Mata Atlântica e do Banhado do Taim e ao Greenpeace

Promovemos discussões com a comunidade do bairro de Massaguaçu, em Caraguatatuba, para a despoluição do riacho Bracuí.

Adotamos 30 tartarugas marinhas do Projeto Tamar, em Fernando de Noronha.

Responsabilidade social: comunidades e instituições

Contribuímos com a Creche Curumim, de São Miguel Arcanjo, e com o Lar e Asilo São Vicente de Paula, em Paraibuna, ambos no estado de São Paulo.

Fizemos contribuições e participamos de ações de voluntariado junto à Fundação Dorina Nowill para Portadores de Deficiência Visual.

Publicamos 600 exemplares do primeiro livro no Brasil de *Introdução à Informática em Braille*, que foi distribuído a diversas bibliotecas para cegos, inclusive em Portugal.

Contribuímos com a instituição Fogo Selvagem, de Uberaba, Minas Gerais.

Fizemos doação de computadores e livros de informática para o Clube dos Jovens de Viradouro, no interior do estado de São Paulo.

Doamos livros de informática para o Grupo Olodum, de Salvador, na Bahia, e para a ONG Informática nas Favelas, dirigida por Rodrigo Balbo, no Rio de Janeiro.

Responsabilidade social: cultura

Oferecemos patrocínio e apoio cultural a eventos artísticos, incluindo peças de teatro, por meio da Montenegro de Ramalho Produção, Imagem e Marketing.

Oferecemos patrocínio e apoio cultural à produção de CDs da cantora Selma Reis.

Responsabilidade social: esportes

Patrocinamos um time de futebol de areia formado por professores e estudantes universitários, na praia do Leme, no Rio de Janeiro.

Patrocinamos um estudante no campeonato de surfe em caiaque, no Rio de Janeiro

Patrocinamos um jovem judoca da comunidade da Favela Vidigal, no Rio de Janeiro.

Com a definição das contribuições e a implantação do conceito de empresa cidadã, criamos um logotipo para identificar a marca, que consistia em um retângulo, parecendo um selo, uma árvore frondosa verde e frutos vermelhos, com os dizeres "Makron Books, Empresa Cidadã".

O passo seguinte foi criar um *release* que detalhasse o novo projeto, incluindo os nomes das instituições, as empresas e as pessoas beneficiadas. O informe gerou entrevistas e reportagens na imprensa.

Todos os nossos livros passaram a publicar na "página de olho" (a primeira página dos livros, onde aparece somente o título) o selo da empresa cidadã.

A partir de então, todas as nossas comunicações com os clientes e com a mídia incluíam textos relativos à nossa atuação como empresa cidadã. O conceito de marketing agregado era o seguinte: ao adquirir um livro da Makron Books, você está colaborando com todas as instituições beneficiadas pela empresa cidadã.

A atuação da empresa cidadã e a implantação do conceito para funcionários da editora trouxeram um resultado bastante positivo. Além disso, o retorno de imagem da editora junto aos leitores e à mídia foi extraordinário. Não foi possível medir o impacto direto nas vendas, mas, com certeza, isso ocorreu.

Passamos a ser procurados por diversos veículos de comunicação para entrevistas e tornamo-nos uma referência em cidadania corporativa. Sempre que jornalistas eram escalados para escrever sobre o tema, éramos solicitados a dar nossa contribuição.

Passamos, então, a ser referência para outras empresas que desejavam implantar o conceito de empresa cidadã. Recebemos vários prêmios e certificados de reconhecimento e agradecimentos. As duas principais honrarias aconteceram quando fui pessoalmente agraciado com a Medalha

Santos Dumont, outorgada pela Assembléia Legislativa do Rio de Janeiro, e com a Medalha Pedro Ernesto, concedida pela Câmara Municipal do Rio de Janeiro. As duas honrarias equivalem à concessão dos títulos de cidadão fluminense e de cidadão carioca, respectivamente.

Um fato marcante foi o lançamento do livro *Floresta da Tijuca*, do professor Carlos Manes Bandeira. O lançamento foi feita em plena floresta, em uma clareira, às 10 horas de uma manhã linda de sol. Em meio às arvores, os organizadores colocaram mesas, cadeiras e aparelhagem de som. Como convidados estiveram presentes o secretário da Cultura e Meio Ambiente do estado, o secretário da Cultura do município e o representante do Ibama, todos do Rio de Janeiro. Estiveram presentes também representantes de diversas instituições e ONGs voltadas para a ecologia e o meio ambiente, e um coral de jovens da comunidade da Favela da Rocinha. Os discursos feitos na ocasião buscaram valorizar a luta pela ecologia e a preservação do meio ambiente. O coral cantou "Águas de Março" e "Passarim", entre outras músicas de Tom Jobim, e o livro foi oferecido gratuitamente aos presentes.

A empresa cidadã existiu de fato até setembro de 2000, quando a Makron Books foi vendida para uma editora internacional. A partir dessa data, todas as contribuições foram desativadas. Curiosamente, essa editora internacional continuou a colocar o selo de empresa cidadã em seus livros, apesar de as ações de responsabilidade social terem sido descontinuadas.

Este *case* mostra como é tremendamente fácil e requer muito pouco investimento a criação de um conceito de cidadania agregado à sua marca.

Minha sugestão: se você é pequeno, invista em projetos comunitários. Desse modo, sua pequena contribuição vai se tornar importante para essa comunidade. Ou seja, invista diversificadamente em meio ambiente e em responsabilidade social, de acordo com seu potencial de contribuição, e divulgue as ações.

Não tenha receio de divulgá-las. E faça que seus funcionários participem. Eles se sentirão muito orgulhosos de trabalhar na empresa.

NETWORKING: AS TARTARUGAS DO PROJETO TAMAR

Para que você aprecie este *case*, é importante que eu explique como nós, editores, captamos originais para publicação, ou como adquirimos direitos autorais de livros publicados no exterior para tradução e publicação no Brasil.

As editoras são regularmente procuradas por autores locais, que oferecem textos prontos. Mas, muitas vezes, as editoras é que correm atrás de autores em busca de textos.

No caso dos livros traduzidos de autores estrangeiros, nosso contato é feito com a editora de origem, aquela que publicou o livro no exterior. Geralmente, quando um autor publica um livro, por exemplo, nos Estados Unidos, a editora obtém desse autor a prerrogativa para negociar os direitos autorais para línguas estrangeiras em todo o mundo. Nós, editores brasileiros, negociamos então com as editoras internacionais os direitos para publicação do livro no Brasil.

Na maioria das vezes, não temos acesso direto ao autor estrangeiro. As editoras internacionais têm um profissional especializado e responsável pela negociação dos direitos internacionais de seus livros, e é com esse profissional que negociamos a compra dos direitos para o Brasil. Curiosamente, essa função é desempenhada, na maioria dos casos, por mulheres.

Nosso contato é feito por e-mail, por telefone ou pessoalmente durante as feiras internacionais de livros. As mais importantes feiras são a de Frankfurt, na Alemanha, a de Londres, na Inglaterra, e a dos Estados Unidos (lá, a cada ano é realizada em uma cidade diferente, que pode ser Nova York, Chicago, Los Angeles, Washington ou Miami). Com a programação antecipada em mãos, marcamos reuniões com cada profissional das editoras internacionais que nos interessam. Durante essas reuniões, as editoras nos apresentam os novos títulos e a programação dos lançamentos para os meses seguintes.

É um contato direto, face a face, e o bom relacionamento entre nós é fundamental na negociação. Acontece que, apesar de existir centenas de editoras que publicam livros, há uma concentração de bons títulos em um número pequeno de editoras. Isso faz que, com freqüência, os editores brasileiros procurem a mesma editora internacional e se interessem pelo mesmo livro. Nesses casos, na maioria das vezes, há um "leilão" de melhor oferta de adiantamento de direitos autorais.

O leilão é conduzido de maneira bastante profissional. O que ocorre, no entanto, é que, apesar desse profissionalismo, é muito importante ser reconhecido e manter um relacionamento de alto nível, de amizade, respeito e valorização com esses profissionais. Por essa razão, em todos os meus contatos, procurei sempre criar um *networking* competente, que facilite meu reconhecimento e o da editora.

Em uma das minhas viagens a Fernando de Noronha, assisti a uma palestra do Projeto Tamar sobre a preservação das tartarugas marinhas. Fiquei impressionado e sensibilizado com o trabalho realizado. Ao fim da apresentação, a palestrante conclamou os presentes a "adotarem" uma tartaruga marinha mediante o pagamento de um pequeno valor fixo. Era uma adoção simbólica.

A oportunidade de uma ação de *networking* surgiu quando a palestrante explicou como era feita a confirmação da adoção. Havia uma espécie de "certidão de nascimento" para cada tartaruga e, ao adotá-la, você podia colocar o nome que desejasse nessa certidão. Vislumbrei uma oportunidade de *networking*. A idéia era adotar as tartarugas e colocar em cada certidão o nome dessas estratégicas profissionais com quem eu costumava negociar direitos autorais internacionais.

Como eu mantinha um relacionamento próximo e cordial com essas profissionais, eu sabia que elas eram sensíveis ao tema ecologia e meio ambiente, ainda mais porque havia também um componente feminino e maternal. Além disso, essas profissionais vivem em grandes cidades dos Estados Unidos, com população enorme e sem muita oportunidade de contato com a natureza, principalmente, com o mar. A tartaruga marinha passava uma idéia bastante feminina, e tive a certeza de que colocar o nome delas em uma certidão de nascimento desses animais seria uma grande homenagem.

Eram cerca de doze profissionais, mas adotei três mais, para minha esposa e duas filhas. Portanto, um total de quinze tartarugas marinhas.

De volta a São Paulo, preparei um pequeno kit que incluía a certidão de nascimento, fotos belíssimas de Fernando de Noronha, uma foto de uma tartaruga marinha e uma carta com textos personalizados: "Tomei a liberdade de dar seu nome a uma tartaruga adotada. A partir de agora, existe uma tartaruga marinha com nome de Karen vivendo nos mares do Brasil. Você sabia que, quando adulta, a tartaruga marinha regressa à praia em que nasceu para pôr seus ovos?".

A recepção foi fantástica. Recebi e-mails de efusivos agradecimentos. Uma delas escreveu que foi a homenagem mais importante e mais significativa de toda a sua vida. Na primeira feira do livro depois disso, quando encontrei as profissionais que negociam os direitos autorais, a receptividade foi especial. Essa ação de *networking* reforçou nossos laços profissionais.

A adoção das tartarugas passou a fazer parte de nosso projeto social de empresa cidadã.

As boas idéias não escolhem local nem hora para surgirem em nossas mentes. Por isso, precisamos estar permanentemente ligados e antenados.

Essa oportunidade de praticar uma ação de *networking* foi tremendamente positiva.

O PRÊMIO NÃO DITO

Duas vezes por ano, normalmente em janeiro e julho, fazíamos nossas reuniões de marketing e vendas. O objetivo era avaliar o trabalho de promoção e as vendas do período anterior, bem como projetar o período seguinte e obter um compromisso de todos com a meta. Participavam dessas reuniões gerentes, supervisores, promotores e vendedores de Rio de Janeiro, Curitiba, Porto Alegre, Recife e Ribeirão Preto. Em geral, eram cerca de trinta profissionais.

Nessas reuniões, além de palestras, era oferecido um tempo para que cada representante falasse um pouco da situação em sua área. Era a oportunidade de cada um "vender seu peixe". Como em todo grupo, havia os desinibidos que falavam bem, às vezes até demais, e havia os tímidos que falavam pouco, geralmente os mais novos, o que nos exigia um esforço maior para "arrancar" as informações.

Um dos momentos mais importantes era quando apresentávamos os livros que seriam lançados nos meses seguintes. Durante a apresentação, pedíamos opiniões, comentários e sugestões, que eram muito importantes. Afinal, eram esses profissionais que promoviam e vendiam os livros nas escolas e, com o conhecimento de campo que tinham, suas contribuições eram muito valiosas.

Nesse momento, os desinibidos, geralmente os mais experientes, antigos, sobressaíam, comentando os lançamentos e sugerindo temas a serem publicados.

Em uma das reuniões, para dar oportunidade a todos para opinarem e sugerirem temas de livros para publicação, decidimos promover um concurso, batizado de "Você é o editor!". Elaboramos um questionário, com a seguinte pergunta principal: se você tivesse a chance de publicar três livros universitários, quais temas escolheria?

Para cada livro, o promotor precisava sugerir um título (o que, por si só, indicava o tema), o curso ou a matéria em que o livro seria adotado, se o autor era brasileiro ou estrangeiro, se era um livro introdutório, médio ou avançado, o número de páginas e o preço de capa ideal.

Na abertura da convenção, uma segunda-feira, anunciamos o concurso com as seguintes recomendações:

— Como temos uma programação cheia, vocês terão de preparar esse relatório nas horas vagas, ou seja, na hora do café-da-manhã, no almoço ou à noite, após o encerramento das atividades regulares da convenção, ou antes de dormir.

O prêmio ao vencedor não foi especificado, mas informamos que seria um prêmio ótimo, excepcional, muito bom mesmo (minha idéia era oferecer ao vencedor uma viagem a Miami, mas não revelei isso a ninguém).

Para que não houvesse identificação dos concorrentes, pedimos que assinassem as recomendações com pseudônimos. Na quinta-feira, trouxemos duas secretárias, que digitaram os relatórios com os respectivos pseudônimos, para que não fosse possível identificar os concorrentes pela letra.

Na sexta-feira de manhã, submetemos os relatórios à apreciação de todos os presentes na reunião. Estabelecemos um critério de nota 0 a 10, e todos os presentes votariam.

Peguei o primeiro relatório e li:

— O pseudônimo é "Gladiador". Eis sua primeira sugestão:
Livro: Economia
Curso: Economia
Matéria: Economia
Autor: estrangeiro (americano)
Nível: médio
Número de páginas: até 350 páginas
Preço: R$ 70,00

Então, eu me dirigia a todos e perguntava a nota por essa sugestão. Assim, tínhamos a soma das notas de todos os votantes do primeiro livro indicado. Em seguida, li a sugestão do segundo livro:

— Próxima sugestão do "Gladiador":
Livro: O Plano de Marketing
Curso: Propaganda e Publicidade
Matéria: Plano de Marketing
Autor: nacional
Nível: introdutório
Número de páginas: até 200 páginas
Preço: R$ 39,00

Aí eu pedia que todos dessem uma nota para essa segunda sugestão de livro, para somarmos da mesma forma que fizemos com o primeiro livro. Eu então apresentava o terceiro livro sugerido pelo "Gladiador", pedia as notas, e tínhamos então o total de notas obtidas por esse concorrente.

A pessoa que estava anotando e somando as notas não fornecia o total, nesse momento.

Após apresentar todos os relatórios, anunciaríamos o concorrente que obteve o maior total de pontos.

Antes de dizer quem foi o vencedor, eu gostaria de contar que, à medida que apresentava os livros para votação, eu ia avaliando a qualidade das indicações, e à medida que apresentava os relatórios, eu ia verificando a baixa qualidade dos trabalhos.

Como eu tinha acompanhado as reuniões todos os dias, inclusive os horários de almoço e os de lazer, e como os relatórios deveriam ser feitos nas horas mortas, cheguei à conclusão de que os participantes não tinham se dedicado a produzir relatórios competentes. Resolvi então mudar o prêmio. Como eu não tinha anunciado que era uma viagem a Miami, decidi que seria um televisor a cores.

Anunciei então o pseudônimo do vencedor, "Careta". Foi uma surpresa geral quando um promotor do Rio de Janeiro levantou timidamente a mão.

Como disse anteriormente, o grupo era formado por promotores e vendedores experientes, extrovertidos, piadistas e galanteadores. E, surpreendentemente, um novato e tímido havia ganhado o concurso. Anunciei que ele havia ganhado como prêmio uma TV em cores. Foi quando um promotor veterano, do Rio de Janeiro, disse em voz alta:

— Se eu soubesse que o prêmio era uma TV em cores, eu tinha feito melhor!

Eu então respondi:

— Mas eu disse que era um prêmio muito bom, excepcional.

— É, mas não disse que era uma TV em cores.

Nesse momento, vários promotores concordaram com a argumentação do colega. Eu ainda rebati:

—Vocês vivem dizendo que nós sempre apresentamos os livros publicados para vocês promoverem e venderem, e que não têm a oportunidade de dar sugestões, reclamam que o "pacote" já vem pronto. Pois bem, não era uma chance para cada um de vocês mostrar que pode e, quem sabe, indicar livros para publicação? Afinal, vocês tinham uma oportunidade de atuar como editores e recomendar livros para o Editorial.

E prossegui:

— Além disso, eu disse que havia um prêmio excepcional. No meu entender, havia duas razões para vocês se motivarem: a oportunidade de sugerir os livros e o prêmio. Não é assim?

Apesar dessa minha argumentação, tive a sensação de que eles não ficaram muito convencidos. A partir dessa situação, comecei a pensar se deveríamos ou não informar antecipadamente qual seria o prêmio. Se o fato de darmos a eles a oportunidade de recomendarem textos para publicação, e de ganharem "um prêmio", não seriam o suficiente para motivá-los.

Na convenção do semestre seguinte, decidimos contratar um consultor para utilizar essa questão como tema de discussão e motivação. Convidamos também três profissionais de nosso relacionamento para atuarem como debatedores.

Tomamos o cuidado de não revelar antecipadamente o tema aos promotores. Dissemos apenas que haveria um debate entre dois grupos, e que eles, ao final, deveriam comentar a discussão e, se possível, dizer qual tese tinha sido mais bem defendida. A maioria dos promotores e vendedores presentes tinha participado do concurso na convenção anterior. Por isso, quando comunicamos o tema da discussão, foi fácil entenderem do que se tratava.

A questão colocada era a seguinte: "Deveríamos ter dito qual prêmio seria dado, ou eles deveriam se sentir motivados somente pela oportunidade de atuarem como editores e, ainda por cima, ganharem um prêmio, embora não especificado".

O consultor, especialista nesse tipo de trabalho, dividiu o pessoal em dois grupos. Um grupo defendeu a tese da necessidade de se explicitar o prêmio, enquanto o outro grupo defendeu a tese da automotivação.

Como cada grupo era composto por, no máximo, dez pessoas, achamos que seria interessante cada membro do grupo defender seu ponto de vista. Esse exercício era muito útil, porque, além de avaliar o poder de argumentação, podíamos analisar as tendências do pensamento de cada um.

E assim foi feito. Cada um dos participantes argumentou e defendeu a tese proposta para seu grupo. Em seguida, fizemos um *coffee break* e, curiosamente, durante esse intervalo, a discussão continuou entre bolachas, *croissants* e café com leite.

Na volta, o consultor inverteu o papel dos grupos. Quem havia defendido a explicitação do prêmio defenderia a automotivação, e vice-versa. Ao final das discussões, como planejado, os debatedores convidados analisaram as argumentações dos grupos e deram seu voto. Dois deles votaram pela explicitação do prêmio e um, pela automotivação.

Em seguida, encerrei os trabalhos, parabenizando a todos pela atuação e assumindo o compromisso de, doravante, sempre explicitar os prêmios nessas competições.

Alguns dos promotores experientes, principalmente o promotor do Rio cujo trainee ganhara a competição, ficaram um tanto frustrados por termos encerrado a reunião sem darmos uma ênfase maior ao resultado. Afinal, a tese deles havia sido vencedora. Eles continuaram insistindo que só não haviam ganhado o prêmio porque não sabiam qual era. Ou seja, eles poderiam ter feito melhor.

Eu, de minha parte, procurava não enfatizar o resultado, pois entendo que a automotivação é muito importante nesse tipo de trabalho de promoção e divulgação de livros nas universidades.

O resultado desse exercício foi tremendamente útil para mim, para o gerente comercial e para o gerente de marketing universitário.

A qualidade, a força, a vibração com que cada um dos participantes defendeu suas teses deram-nos a possibilidade de compreender e avaliar o comportamento profissional de cada um. Ficou claro para nós quais defendiam a explicitação do prêmio com vibração, e quais defendiam a automotivação.

O trabalho do promotor universitário é solitário. Ele visita universidades, conversa com professores e apresenta livros para adoção. Na maioria das vezes, sai direto de casa para os contatos, comunica-se com a editora por Nextel ou telefone, prepara relatórios semanais e aparece na editora uma vez por semana. Além de ter essa liberdade de ir e vir, ele prepara os relatórios nas horas vagas, geralmente no fim de semana.

O promotor baseado em Recife ou em Porto Alegre, por exemplo, não recebe nenhum controle direto, diário, da sede em São Paulo. Isso significa que automotivação, disciplina e responsabilidade profissional são fundamentais.

O debate deu-nos a possibilidade de conhecer um pouco mais de cada um dos participantes e proporcionou ao gerente comercial e ao gerente de marketing subsídios para poderem interagir mais efetivamente com cada um dos profissionais.

A motivação é fundamental na busca de resultados e, apesar de se trabalhar com o conceito de time, cada promotor, cada vendedor é uma pessoa diferente, com desejos, ambições e personalidade próprias. Cabe, então, a cada gerente, a cada supervisor, identificar as características individuais de cada colaborador e procurar motivá-lo de maneira a obter os melhores resultados.

TODAS AS COPAS DO MUNDO

Orlando Duarte é autor e compilador das mais importantes obras de futebol publicadas em todo o mundo. Foi diretor da Televisão Cultura de São Paulo e comentarista de esporte da Jovem Pan, TV Globo, Rádio Trianon e Rádio Itatiaia de Belo Horizonte, entre outras. Foi colunista da *Gazeta Esportiva* e de dezenas de outros jornais esportivos do Brasil e do mundo. É o maior conhecedor de todos os esportes no Brasil, por isso é chamado de "o eclético". O profissional de rádio e TV que mais viu Pelé jogar e de quem é amigo.

Este *case* começa em 1989, ano anterior ao da Copa do Mundo de 1990, na Itália. Flavio Zwarg, co-autor com Marcos Cobra do livro *Marketing de Serviços*, publicado por nós, era um importante diretor da Pirelli, que decidiu patrocinar a edição de um livro sobre os Mundiais de Futebol de autoria de Orlando Duarte, na época principal comentarista de esportes da rádio Jovem Pan.

Orlando já tinha publicado uma edição própria desse livro, em formato 16 x 23 centímetros, capa dura, com sobrecapa em verde e amarelo. Uma edição bastante simples graficamente, mas com um conteúdo muito bom. Como não tínhamos tempo para produzir um livro novo, utilizamos a matriz dessa obra para imprimirmos uma quantidade para o mercado de livrarias.

A Pirelli utilizou os livros patrocinados para brindes a clientes e fornecedores. Na Copa do Mundo de 1990, a atuação do Brasil foi muito fraca, e fomos desclassificados pela Argentina por 1 a 0, com aquele célebre gol do Caniggia, depois de Maradona driblar quase toda a defesa brasileira. O técnico brasileiro era Sebastião Lazaroni.

Apesar da desclassificação do Brasil, houve uma aproximação do autor Orlando Duarte com a editora, e passamos a trabalhar então a nova edição do livro, visando à Copa do Mundo de 1994, que seria realizada nos Estados Unidos.

Nos meses e anos que antecederam a Copa de 1994, solicitamos ao autor uma revisão e atualização do texto, à medida que trabalhávamos na produção de uma diagramação gráfica moderna. Conforme ocorriam os jogos das Eliminatórias e trabalhávamos o projeto gráfico, fomos acompanhando as classificações da Espanha, México, Colômbia e Bolívia, além dos Estados Unidos, como país-sede.

Como eu já tinha relacionamentos com editoras internacionais, havia a possibilidade de negociar a tradução do livro para aqueles países. Procurei Fred Perkins, na época vice-presidente para a América Latina, Espanha e Portugal, e propus-lhe a publicação do livro em inglês pela McGraw-Hill dos Estados Unidos, com o argumento de que os americanos em geral, inclusive o pessoal da mídia, pouco sabiam de futebol. O *soccer*, como o futebol é chamado por lá, era pouco conhecido. Os americanos tinham poucos dados e estatísticas, de modo que o lançamento do livro, cheio de informações históricas, nomes e números, seria tremendamente oportuno e estratégico.

Perkins é, para mim, um dos mais inteligentes e estratégicos executivos internacionais que conheci. Durante nossas negociações, como ele era também responsável pelos mercados da Espanha, do México e da Colômbia, e esses países tinham se classificado para a Copa do Mundo, decidiu pela publicação da edição também em espanhol.

Fechamos então com a McGraw-Hill a publicação do livro das Copas do Mundo para edições em inglês e espanhol. Decidimos que as traduções seriam chamadas de *Enciclopédia dos Mundiais de Futebol*. Os projetos editoriais seriam produzidos simultaneamente no Brasil, nos Estados Unidos e no México.

À medida que a produção avançava, surgiu um problema. O livro produzido no Brasil tinha como enfoque a seleção brasileira. A obra poderia ser simplesmente traduzida para o inglês porque a seleção dos Estados Unidos não tinha quase história nas Copas do Mundo, exceto uma surpreendente vitória sobre a Inglaterra na Copa do Mundo de 1950, no Brasil. No entanto, os outros países de língua espanhola classificados para o Mundial (Espanha, México e Colômbia) tinham suas próprias histórias. Não seria conveniente, então, traduzir pura e simplesmente o livro brasileiro. Era preciso adaptá-lo à realidade de cada um desses países.

Após analisarmos a situação, decidimos, com a concordância de todos, que cada país faria sua própria edição do livro, dando ênfase a sua seleção. A adaptação deveria ser feita por um profissional reconhecido em cada país. A edição da Colômbia foi feita conjuntamente com a Bolívia.

E assim foi feito. Os projetos foram executados nos prazos combinados e, dois meses antes do início da Copa do Mundo de 1994, nos Estados Unidos, os livros foram publicados quase simultaneamente.

A edição brasileira teve o patrocínio da Votorantim, que, por meio do sr. José Ermírio de Morais, adquiriu três mil exemplares para distribuir como brinde a clientes, funcionários e fornecedores. A noite de autógrafos foi realizada no prédio da Faap, com a presença de personalidades esportiva, política e social.

A edição da Espanha teve o prefácio de Johan Cruyff, o maior jogador holandês de todos os tempos e melhor jogador da Copa do Mundo de 1974. As edições do México e da Colômbia/Bolívia tiveram adaptações e co-autorias de comentaristas de esportes de rádio e TV, que seriam o correspondente a Orlando Duarte daqueles países.

Para a edição americana, pedimos aos editores da McGraw-Hill que programassem o lançamento em uma livraria de Nova York, e colocamos como preferência a Barnes & Noble da 5ª Avenida, esquina com a Rua 48, bem próxima à catedral de Saint Patrick. A data escolhida foi dez dias antes do jogo de abertura da Copa do Mundo, que era conveniente porque a mídia americana já estava falando do evento e Orlando Duarte estaria também viajando para lá para comentar os jogos do Brasil.

O compromisso de atrair as pessoas ao lançamento era nosso, da Editora Makron Books e de Orlando Duarte. Era um grande desafio.

O lançamento em Nova York

The Encyclopedia of World Soccer, de Orlando Duarte, foi lançado oficialmente em Nova York, na livraria Barnes & Noble, no dia 2 de junho de 1994, das 12h30 às 14h.

Como o compromisso de levar público ao evento era nosso, passou a ser estratégico contatar pessoas de nosso relacionamento. Pedimos que essas pessoas nos ajudassem convidando outras pessoas.

Precisávamos que o evento fosse muito bem-sucedido, e foi. Compareceram cerca de 150 pessoas e foram vendidos 110 livros, em duas horas. Dois canais de televisão prestigiaram o evento, a TVS, de São Paulo e a Televisa, do México.

Contamos com a presença do cônsul brasileiro na ONU, de diversas personalidades brasileiras que viviam em Nova York, de autores da Makron Books, Katia Zero e Victor Mirshawka, de representantes da McGraw-Hill e de profissionais de diversas outras editoras com as quais nos relacionávamos. Orlando Duarte convidou João de Matos, empresário da Rua 46, que, por sua vez, levou outros amigos.

Katia Zero, autora dos *Guias de New York*, também nos ajudou, levando convidados. Enfim, fomos prestigiados com a presença de 150 pessoas.

A Barnes & Noble dedicou ao livro uma vitrine inteira de frente para a 5ª Avenida. Havia cartazes espalhados pela loja toda, anunciando o lançamento.

O evento foi muito bem-sucedido, agregando um valor muito positivo nas relações comerciais entre a McGraw-Hill e a Barnes & Noble e entre a McGraw-Hill e a Makron Books. Como complementação, a Barnes

& Noble comprou uma página na edição de domingo do *The New York Times* e dedicou um box para o livro *The Encyclopedia of World Soccer*.

Depois do lançamento em Nova York, fui para Los Angeles e pude constatar a presença do livro nas livrarias da cidade, inclusive exposto em destaque na vitrine da Barnes & Noble da Hollywood Boulevard, aquela com as estrelas no chão.

O livro foi um sucesso nos Estados Unidos, na Espanha, no México, na Colômbia e na Bolívia.

Para o autor, foi gratificante autografar na Barnes & Noble da 5ª Avenida em Nova York, ver o livro e seu nome anunciado no *The New York Times*, além de ter seu livro exposto nas livrarias de Nova York, Chicago e Los Angeles, por onde ele passou.

Para a McGraw-Hill, foi um exemplo prático de sinergia com a publicação simultânea do livro em cinco países e em três idiomas. O assunto rendeu notícia de primeira página na edição de dezembro de 1994 do jornal mensal da McGraw-Hill.

Para a Makron Books, foi uma prova da capacidade do relacionamento e do comprometimento com autor e parceiros. Este *case* agregou um tremendo valor à marca Makron Books, internacionalmente.

Curiosamente, esta história não termina aqui, pois tudo isso ocorreu antes dos jogos da Copa do Mundo de 1994, vencida brilhantemente pelo Brasil. E isso ofereceu a oportunidade de criarmos mais uma ação de estratégia de marketing, relatada a seguir.

Edição especial: Brasil, Campeão do Mundo!

Voltei ao Brasil alguns dias antes do início da Copa do Mundo de 1994. O primeiro jogo foi em Chicago. À medida que a competição se desenvolvia, perguntei a mim mesmo: e se o Brasil ganhar a Copa do Mundo? Decidi trabalhar já uma edição especial do livro, para ser lançado o mais rápido possível, após o jogo final.

Assim definido, passamos a coletar e organizar os resultados, dados e estatísticas da competição, conforme os jogos aconteciam e a seleção brasileira avançava na competição.

Logo após o Brasil vencer a Holanda, na semifinal, já tínhamos a "nova edição" pronta, faltando somente os números, dados e fatos do jogo final, entre Brasil e Itália. A nova edição só sairia se o Brasil fosse o campeão, e foi.

No domingo à noite, após a comemoração pelo título, preparei o texto final, com o resultado e todos os dados do jogo final. E na segunda-feira, às 8h da manhã, já estava na empresa JAG para fechar a diagramação do livro. Por volta das 17h, enviamos os fotolitos para a gráfica.

Na quinta-feira à tarde, tínhamos impresso o livro *Todas as Copas do Mundo, Edição Histórica – Brasil Campeão!*

Na sexta-feira o livro já estava à venda nas livrarias de São Paulo e do Rio e, a partir da segunda-feira seguinte, em todo o país.

Como disse, a nova edição só seria publicada se o Brasil fosse campeão. Minha esposa, Ruth, afirmou, antes do jogo final, que o Brasil seria campeão só para eu publicar o livro.

Este *case* mostra uma sinergia perfeita para o desenvolvimento de produto, aliada a uma oportunidade específica de um evento, ações de promoção e marketing voltadas para o público já estimulado e mercados receptivos, além de ações proativas determinantes, praticadas por todos os envolvidos nos projetos.

Futebol no mar

Uma das estratégias das agências que promovem cruzeiros marítimos é programá-los por temas. Por exemplo, na semana em que estou escrevendo este texto, está zarpando de Santos o cruzeiro marítimo do *Pânico na TV*.

Quem participa já vai sabendo o que vai acontecer e o que esperar do passeio.

Durante a temporada de verão, várias companhias marítimas trazem seus navios para o hemisfério sul e, por meio desses cruzeiros temáticos, vendem os pacotes turísticos.

Em meados de 2001, após uma negociação com a Costa Cruzeiros, lançamos o Cruzeiro dos Campeões Mundiais de Futebol, que seria realizado em dezembro. A negociação, conduzida com o autor Orlando Duarte, consistia na utilização do livro *Todas as Copas do Mundo* e previa a presença de campeões mundiais de futebol de todas as épocas. Como o Brasil tinha sido campeão do mundo em 1958, 1962, 1970 e 1994, deveriam estar presentes no cruzeiro representantes dessas quatro conquistas.

A negociação foi acertada da seguinte maneira. A Costa Cruzeiros adquiriu mil exemplares do livro e ficou de colocar um exemplar em cada cabine do navio. Orlando Duarte responsabilizou-se pelo convite aos jogadores de futebol. A Costa Cruzeiros e a editora encarregaram-se da divulgação e do marketing do evento.

Antes do final de novembro, todas as cabines tinham sido vendidas. Na verdade, nem todos os turistas foram atraídos pelo tema. Uma grande parte escolheu fazer a viagem em função do roteiro e da data, mas um número significativo escolheu o passeio pelo tema.

Os turistas que escolheram pelo roteiro e pela data, e só souberam do tema ao embarcar no navio, declararam-se tremendamente satisfeitos e felizes pela oportunidade.

O cruzeiro: Santos–Rio de Janeiro–Búzios–Ilhabela– Santos

A duração do cruzeiro foi de quatro dias e três noites. Os livros foram colocados nas cabines durante o segundo dia, quando da arrumação dos quartos.

Os jogadores convidados presentes, pela ordem de participação em Copas do Mundo, foram:

1958/1962 – Belline, Djalma Santos e Pepe.

1970 – Clodoaldo e Jairzinho.

1994 – O técnico Carlos Alberto Parreira e o goleiro Zetti.

Estava presente também como convidado o então presidente da Federação Paulista de Futebol, Eduardo Farah.

Junto com Orlando Duarte, todos ficavam à disposição para bate-papos e fotografias, no dia-a-dia do cruzeiro.

Na tarde do terceiro dia, no trecho Búzios–Ilhabela, fizemos uma cerimônia oficial do tema. No salão nobre do navio, Orlando Duarte, Eduardo Farah e eu compusemos uma mesa e fizemos uma exposição sobre a participação do Brasil nas quatro Copas do Mundo, para um público de cerca de 400 turistas, além dos jogadores. Em um telão, apresentamos fotos, slides e filmes que mostravam cenas dos jogos, dos gols, das conquistas, principalmente dos jogadores presentes. Orlando foi o mestre de cerimônia e coube a mim falar do tema, saudar os participantes do cruzeiro e os jogadores presentes, valorizando suas contribuições para o futebol brasileiro.

Em seguida, Orlando abriu o microfone a perguntas, e a participação do público foi fantástica. Pessoas de todas as idades tinham perguntas a fazer a seus ídolos, de acordo com suas faixas etárias. Os mais velhos perguntavam a Belline, Djalma Santos e Pepe. Os de meia-idade perguntavam a Clodoaldo e Jairzinho. Os mais jovens, a Parreira e Zetti.

Encerrado o tempo para perguntas, fizemos um sorteio de cinco camisetas da seleção brasileira, autografadas pelos jogadores. Nessa ocasião, ocorreu um fato que merece ser relatado. Um dos turistas, ao ser sorteado para receber uma das camisetas, subiu ao palco aos prantos e abraçou longamente Clodoaldo. Passamos-lhe o microfone e ele contou que, no dia do jogo entre Brasil e Uruguai, na semifinal da Copa de 1970, no México, sua mãe foi para a maternidade na hora do jogo. Seu pai sempre contava que, no momento em que a enfermeira veio avisá-lo do nascimento do bebê, o jogo estava 1 a 0 para o Uruguai, e o Clodoaldo marcou o gol de empate. Esse jogo terminou em 3 a 1 para o Brasil.

O Brasil foi para a final com a Itália e ganhou por 4 a 1. Fomos tricampeões do mundo.

Então, após o sorteio, formou-se uma grande fila e, um a um, os turistas, com o livro *Todas as Copas do Mundo* nas mãos, colheram os autógrafos dos jogadores presentes.

Curiosamente, quero registrar a emoção que vi e senti por parte dos jogadores, principalmente os mais antigos, Belline, Djalma Santos, Pepe, Clodoaldo e Jairzinho, por serem novamente reconhecidos e reverenciados. Foi uma tarde gloriosa para todos. Para mim, que vivi intensamente como simples torcedor todas essas quatro copas, foi uma realização profissional e uma alegria indescritível.

Vale frisar que, além do livro, disponibilizamos a todos os participantes catálogos de nossos livros, além do direcionamento de contatos por meio do site e e-mails. Como estratégia de marketing, pudemos agregar valor à marca pela emoção produzida no evento, além de mil exemplares vendidos. As cabines de Orlando Duarte e minha fizeram parte do pacote.

O evento foi registrado em vídeo e serviu de divulgação para a Costa Cruzeiros para outros eventos. Nós, da editora, utilizamos o evento para nossa divulgação na mídia. Este é um *case* em que o lado criativo de marketing, da distribuição, da venda e da promoção foi altamente exercido e recompensado pelo alto grau de satisfação que produziu em todos os participantes.

PELÉ, O SUPERCAMPEÃO

Este *case* é importante para mim porque, além de poder utilizar todo ferramental que o marketing proporciona, vivi uma experiência que tenho sempre receio de contar, pois é como você dizer que viu um "disco voador".

Orlando Duarte apresentou-me um texto que ele tinha escrito sobre a vida de Pelé, na primeira pessoa do singular, isto é, como se o próprio Pelé tivesse contado a ele. O texto começava assim: "Fui batizado Edson Arantes do Nascimento", e continuava na primeira pessoa o livro todo. Tinha sido publicado pela revista *Placar* alguns anos antes, mas os direitos autorais do texto eram de Orlando Duarte.

Pelé era, para nossa geração, a mais importante personalidade pública, um mito, uma figura lendária, um símbolo. Eu, apesar de palmeirense e fã de Ademir da Guia, não perdia um jogo do Santos no Pacaembu ou no Morumbi. Eu ia ver Pelé jogar. Alguns anos antes, quando eu vivia em Ribeirão Preto, ainda adolescente, em um jogo do Campeonato Paulista entre Santos e Botafogo, joguei a preliminar contra os juniores do Botafogo. Foi uma experiência incrível, e logo depois de nossa partida, jogou o Rei.

Acompanhei a carreira de Pelé desde o início e agora tinha a possibilidade de publicar um livro sobre sua história. Não tive dúvidas: falei com Orlando que queria publicar esse livro.

A primeira medida foi pedir a autorização do próprio Pelé, pois o livro estava escrito na primeira pessoa e não queríamos publicar uma biografia não autorizada. Preparei uma correspondência endereçada a Edson Arantes do Nascimento, assinada por mim e que foi levada a Pelé por Orlando Duarte – ele era muito amigo do Rei. Nos tempos em que o Santos saía em excursão pelo mundo, Orlando sempre viajava como jornalista convidado. Por isso, é considerado o jornalista que mais viu o Pelé jogar.

Pelé autorizou a publicação do livro, colocando um "de acordo", com sua assinatura, em cópia da carta que eu tinha preparado. Tenho esse documento ainda em meu poder.

A partir daí, foi tocar o projeto editorialmente. Escolhemos uma diagramação e tipologia de letras que combinassem com o texto narrado na primeira pessoa.

A seleção de fotos

Aqui, cabe uma explicação. Foi muito fácil encontrar fotos do Pelé para ilustrar o livro. Os jornais e as revistas tinham centenas de fotos em seus arquivos à disposição para nossa escolha. No entanto, preferimos selecionar as fotos do arquivo de Domício Pinheiro, o fotógrafo que mais fotos fez de Pelé. Ele acompanhava todos os jogos de Pelé, com um detalhe: enquanto os outros fotógrafos fotografavam a partida, Domício focava suas lentes o tempo todo no Rei. Por isso, não foi nada difícil encontrar ótimas fotos. Em alguns casos, como imagens dos jogos de Copa do Mundo, compramos os direitos autorais de reprodução da Editora Abril, *Estadão*, *Folha de S.Paulo* e *Gazeta Esportiva*.

A foto da capa

Eu queria uma foto inédita e essa só poderia ser encontrada com Domício Pinheiro. Pedi-lhe que me mostrasse as fotos não publicadas. Havia muitas, mas uma me prendeu a atenção. Em um jogo da seleção brasileira, no Maracanã, Domício fotografou Pelé meio de costa, caminhando sozinho, contra as luzes do placar luminoso, criando uma pequena névoa ao redor do Rei. A foto tinha um tom azulado, a camisa amarela, com o famoso 10 nas costas, o calção azul dando um tom magnífico. "Essa é a foto!", pensei.

Mas, quando comecei a imaginá-la na capa do livro, surgiu um problema. Na capa, Pelé precisaria aparecer caminhando da lombada do livro para a direita, e na foto ele caminhava da direita para a esquerda.

Então, era só virar o negativo da foto. Mas o número 10 nas costas do Pelé virou 01.

Domício deu a solução, de imprimir a foto pelo lado contrário e redesenhar o 10 nas costas do Rei. Foi o que fizemos.

Meu primeiro encontro com o Rei

Eu disse anteriormente que as pessoas que contam ter visto "disco voador" correm o risco de serem ridicularizadas ou de se passarem por mentirosas.

Na primeira vez que encontrei o Pelé, aconteceu um fato tão surpreendente que, para não cair no efeito "disco voador", evito contar.

Eu tinha imprimido a capa do livro com a tal foto comprada de Domício Pinheiro, o 10 redesenhado, e já com o título definido: *Pelé – O Supercampeão*.

Haveria um evento da Mastercard no restaurante La Tambouille para jornalistas, e o Orlando tinha sido convidado. Ele achou que era uma boa oportunidade para falar do livro e mostrar a capa ao Rei.

Era um almoço e havia várias mesas redondas com seis lugares. Sentei-me em uma delas com Orlando, Julio Mazzei, Ely Coimbra e dois outros jornalistas. A cadeira de Pelé estava logo atrás de mim. Eu estava almoçando a menos de um metro do Rei. Imagine minha emoção.

Após o almoço, antes da sobremesa, ele se levantou, ficou bem a meu lado e dirigiu algumas palavras aos presentes, agradecendo a presença e falando de seu novo contrato com a Mastercard. Quando ele terminou de falar, Orlando disse:

— Pelé, deixe-me apresentar-lhe o editor de nosso livro, Milton Assumpção. Ele trouxe a capa para você ver.

Fiz menção de me levantar, mas ele tocou meu ombro e disse:

— Fiquei aí — e se agachou a meu lado, com uma das mãos em meu ombro, e começou a examinar a capa sobre a mesa.

Ele olhou a capa e disse:

— Puxa, que foto bonita. Eu nunca tinha visto esta foto!

Eu disse:

— É de Domício Pinheiro.

E ele:

— Esse cara sempre me fotografou bem. Posso ficar com a capa?

Eu respondi:

— Eu trouxe para você!

Foi aí que ele me surpreendeu:

— Então, assine para mim!

— Não entendi. Como?

— Assine para mim. Você é meu editor!

Orlando, sorrindo, disse:

— Milton, ele quer seu autógrafo na capa.

Surpreso, eu ainda falei:

— Está bem, mas eu quero um autógrafo seu também!

Assinei: "Ao Pelé, com respeito e admiração, Milton Assumpção".

Pelé agradeceu e levou a capa do livro com meu autógrafo.

Eu não vi nenhum disco voador, e essa história pode ser comprovada por Orlando Duarte e Julio Mazzei.

Lançamento do livro do Rei

O livro ficou pronto e foi impresso no prazo previsto. Orlando queria Pelé na noite de autógrafos. Fomos ao apartamento do Rei, na Alameda Jaú, entregar-lhe exemplares, e ele confirmou sua presença no evento. Foi a segunda vez que falei com o Rei.

Era muito importante para a editora e para o autor valorizar e, ao mesmo tempo, aproveitar ao máximo, em termos de marketing institucional, tudo que esse lançamento pudesse proporcionar, principalmente com a presença confirmada do próprio Pelé. Ele tinha pedido que o evento não fosse tão aberto ao público. Se possível, queria um evento mais fechado, mais tranqüilo.

Nossa intenção, ao contrário, era fazer barulho. A situação foi resolvida da seguinte forma: decidimos realizar dois eventos quase simultâneos, em locais muito próximos.

O primeiro foi programado para a Casa Rosada da Fundação Armando Alvarez Penteado (Faap), das 18h30 às 20h, e era destinado a convidados especiais. O segundo lançamento foi programado para as dependências da própria faculdade da Faap, a partir das 20h, mas sem horário definido para acabar, e era aberto ao público.

O lançamento na Casa Rosada

Esse casarão abriga os escritórios da diretoria da Faap e está localizado muito próximo aos prédios da faculdade. Para o evento, convidamos um público bastante seleto, incluindo diretores da Faap, empresários importantes, dirigentes esportivos, convidados especiais do autor e da editora e jornalistas.

O livro seria oferecido gratuitamente aos presentes, e a presença do Rei estava confirmada. Como combinado, enviamos um carro para buscá-lo. Eu tinha mandado imprimir alguns exemplares especiais e numerados.

Durante o trajeto, orientei ao motorista que solicitasse ao Pelé para autografar 10 deles, os de nº 1 a nº 10. Eu ainda tenho alguns deles comigo!

Pelé chegou ao evento por volta das 19h e foi recepcionado pela diretoria da Faap. A essa altura, Orlando Duarte já estava autografando livros para os convidados. Então, aconteceu um fato marcante que gerou um resultado ótimo de marketing para o lançamento do livro.

A princípio, Pelé cumprimentaria o autor, concederia entrevista e prestigiaria o evento por algum tempo. Quando ele se aproximou do local onde Orlando estava autografando, uma mesa grande, alguns convidados pediram que ele autografasse seus livros. Ele disse que não estava ali para autografar, e sim para prestigiar Orlando.

Os convidados insistiram. Eu então lhe passei minha caneta e ele começou a autografar em pé, e depois lhe ofereci uma cadeira ao lado de Orlando. A partir daí, a noite de autógrafo foi de ambos. Eles autografaram até as 20h30. Em seguida, deram entrevistas para os repórteres de TV.

Tentamos levar Pelé para o outro evento de lançamento, que começaria em seguida no prédio da faculdade da Faap, mas ele declinou. De qualquer forma, foi ótima e gratificante a presença do Rei no lançamento do livro. Os fotógrafos registraram o evento durante a sessão de autógrafos. No dia seguinte, os principais jornais, programas de esportes de rádios e TVs deram ampla cobertura ao evento.

O lançamento na faculdade

Esse era o evento de lançamento normal, aberto ao público e voltado a convidados em geral. Colocamos livros para a venda logo na entrada. O evento foi prestigiado por professores e estudantes da Faap, jogadores de futebol, diretores esportivos, convidados do autor e da editora.

Enquanto o primeiro lançamento foi relativamente formal e contou com a presença de jornalistas, esse segundo foi bastante informal e descontraído. Os jornalistas puderam trabalhar e registrar o evento com mais tranqüilidade.

O segundo evento foi mais social e ajudou a estreitar os relacionamentos, além de consolidar a imagem corporativa junto ao público que compareceu, sem falar na receita obtida com a venda dos livros.

Enfim, ambos os eventos foram um sucesso total.

Pelé, o Supercampeão em espanhol

No *case* sobre o livro *Todas as Copas do Mundo*, comentei a sinergia do lançamento simultâneo na Espanha, no México, na Colômbia e na Bolívia, além dos Estados Unidos. Graças ao sucesso obtido nessa ocasião, conseguimos negociar com a McGraw-Hill o lançamento do livro *Pelé, o Supercampeão* em todos os países de língua espanhola. Coube à McGraw-Hill do México publicar a edição espanhola e distribuí-la em todos os países da América Latina. Em função do envolvimento pessoal dos mexicanos, o melhor resultado em termos de divulgação e vendas ocorreu no próprio México. O livro foi produzido em uma edição econômica, com distribuição e vendas em livrarias e em bancas de revista.

Por solicitação da McGraw–Hill do México, enviamos 20 bolas autografadas por Pelé para serem ofertadas aos proprietários de bancas de jornal que mais vendessem o livro. O lado curioso é que Pelé assinou 20 bolas, e uma ficou comigo. Despachamos 19 para o México e somente 12 chegaram a seu destino. Sete bolas desapareceram pelo caminho.

Pelé sempre foi para mim uma figura lendária, que se tornou realidade depois que publiquei o livro de sua história. Esse foi, seguramente, um dos momentos mais importantes e inesquecíveis de minha carreira como editor.

Durante a Copa do Mundo da Alemanha, em 2006, uma editora inglesa publicou uma biografia de Pelé para ser lançada simultaneamente com um filme sobre o Rei. O livro contém trechos iguais aos do livro que publicamos, mas, se compararmos os dois, posso afirmar que nosso livro ficou bem melhor.

Como se pode observar neste *case*, tivemos a oportunidade de desenvolver e colocar em prática o produto, a embalagem (capa), o marketing, a distribuição, as vendas e a negociação de direitos autorais para o exterior (com o lançamento no México), com a utilização do prestígio do autor e do personagem principal do livro, o Rei Pelé.

GUIA DE NEW YORK, DE KATIA ZERO

Logo após a implantação do Plano Real, nossa moeda foi praticamente equiparada ao dólar, ou seja, um dólar passou a valer um real. Isso estimulou um crescimento muito grande de viagens internacionais. Muitos viram oportunidades de negócios. Acompanhávamos o crescimento do número de sacoleiros do Paraguai e também de Miami e passamos a identificar um novo tipo de sacoleiro, mais refinado e exigente, o sacoleiro de Nova York. Um grande número de brasileiros viajava regularmente a Nova York para comprar e revender principalmente bijuterias, roupas e confecções em geral. Produtos eletrônicos também eram objetos de desejo de sacoleiros de Miami e do Paraguai.

Nessa época, fui procurado por uma jornalista, Katia Zero, que tinha um projeto de um livro sobre Nova York. Fiquei tremendamente impressionado com a apresentação que ela fez de seu projeto do livro. Era só um projeto, mas, pela maneira clara, vibrante e vigorosa com que ela apresentou, senti motivado e seguro para avaliar.

É importante dizer que gosto muito de Nova York. Tenho ido lá anualmente nos últimos 30 anos e, assim, conheço bem a cidade, principalmente a área de Manhattan. Essa foi uma das razões para eu querer apostar no projeto do livro.

Katia Zero é jornalista internacional e escrevia para várias revistas e jornais do Brasil e dos Estados Unidos. Na verdade, eu a havia conhecido quando ela me procurou para uma matéria que preparava para uma revista de Washington sobre a Copa do Mundo dos Estados Unidos, em 1994. Como eu tinha sido o editor do livro *Todas as Copas do Mundo*, de Orlando Duarte, e esse livro tinha sido lançado em inglês pela McGraw-Hill nos Estados Unidos, por meu intermédio, Katia me procurou e depois entrevistou Orlando Duarte para essa matéria.

Aliás, ela me disse que nos procurou primeiro com seu projeto de livro porque tinha ficado impressionada com nossa agilidade em ajudá-la a fazer a entrevista e a matéria. Ela precisava de fatos e dados, e tanto eu como Orlando Duarte respondemos prontamente.

A produção do texto levou cerca de um ano e meio. Às vezes nos reuníamos em São Paulo, outras vezes em Nova York. Não queríamos fazer um simples livro de turismo. Também não queríamos publicar informações disponíveis em guias tradicionais, de boa qualidade, mas puramente turístico. O guia deveria expressar uma visão de Nova York fruto do olhar crítico e criativo de uma escritora/autora. Queríamos conteúdo, utilidade, praticidade, novidade, inovação. Independentemente dos sacoleiros, pretendíamos atingir profissionais, executivos, pessoas que visitavam Nova York também para curtir a cidade, descobrir coisas novas, culturalmente interessantes.

Além de minha função de editor, coloquei durante o projeto minha visão de executivo e turista. Eu tinha o perfil de um dos públicos-alvos do livro. É claro que o perfil do leitor que desejávamos atingir era bastante amplo, mas, se pudéssemos focalizar um lado cultural que fosse identificado por esse leitor, poderíamos agregar valor ao projeto.

A cultura americana cruza com a cultura brasileira quando falamos de cinema, teatro, música, televisão, esportes e algumas poucas coisas mais. Nova York é uma cidade multicultural quando falamos nesses temas.

Lembro-me de um dia em que almoçava com um amigo na Carnegie Delicatessen, que tem os maiores e melhores sanduíches de Manhattan. Duas japonesas, com máquinas fotográficas a tiracolo, entraram e se sentaram na nossa mesa (a mesa lá é comprida e conjunta). Puxei papo:

— Brasileiro! Japonesa! Muito prazer! O que levou vocês a entrarem aqui?

— Olhamos o menu, o preço era bom e o lugar, simples. Tem uma decoração típica de Nova York, com muitas fotos de pessoas famosas. Foi isso.

Aí, eu lhes disse:

— Vocês sabiam que Woody Allen fez cenas de dois filmes neste restaurante?

Empolgadas com essa informação, elas começaram a fotografar o lugar e pediram que eu as fotografasse. Com certeza, quando voltassem ao Japão, alugariam os filmes de Woody Allen para conferir o local. Pois era um lugar que, a princípio, não significava nada. Depois, passou a ter um valor graças a um componente cultural e histórico.

Eu e Katia já havíamos conversado muito sobre a inclusão desse conteúdo cultural, apontando lugares relacionados a filmes, atores, personalidades, fatos históricos da cidade, e passei a incentivá-la a dar um destaque importante no livro.

O que dissemos até agora deve ser entendido como o desenvolvimento de um produto, o livro *Guia de New York*, e a definição de seu público-alvo. O texto escrito pela Katia ficou brilhante, a revisão, item obrigatório na produção editorial, por recomendação da própria autora, foi competentemente feito pelo escritor Ivan Angelo e Terezinha Gomes Angelo.

Com o texto pronto em mãos, iniciamos a produção propriamente dita do livro. Minha idéia como editor, sobretudo para valorizar o texto, era publicar um livro no formato 21 x 28 centímetros, com capa dura e sobrecapa. Um verdadeiro livro de arte.

O lançamento foi um sucesso. Enviamos livros a todos os veículos da imprensa que pudesse ter interesse em fazer uma resenha, principalmente cadernos e revistas de turismo, cultura e interesse geral. Obtivemos comentários favoráveis e elogiosos ao conteúdo.

Com o tempo, verificamos que o formato do livro não era o mais adequado. As pessoas compravam a obra, liam, adoravam, mas, na hora de viajar, nem sempre levavam na bagagem o livro, pois era muito grande e pesado. Então, tinham de anotar num bloco as dicas extraídas do livro, para poder utilizá-las na viagem a Nova York.

Mesmo nas livrarias dos aeroportos, as vendas não decolaram da maneira que esperávamos. O livro era colocado na prateleira de guias de turismo, mas, como era grande e pesado, as pessoas acabavam comprando um guia menor, mais prático.

Apesar desse problema, o *Guia de New York* mostrou ser um texto consistente. Por isso, resolvemos acelerar uma nova edição, com formato e design mais adequado ao conteúdo.

Motivada pelo sucesso, Katia Zero fez uma proposta que, de pronto, aceitei. Toda a diagramação e o design do livro seriam feitos em Nova York. Primeiro, porque acreditei que Katia tinha competência para fazê-lo. Segundo, porque ela contava com colaboradores e idéias ótimas para desenvolver um novo e funcional formato.

O livro recebeu uma diagramação moderna, miolo em quatro cores, formato pequeno, próprio para viagem, fácil de manusear, bem prático. Na capa, reproduzimos a Estátua da Liberdade, um símbolo da cidade.

Foram meses de dedicação por parte da autora e dos colaboradores, e de investimentos da editora.

Lançamos o livro com uma noite de autógrafos grandiosa, em uma casa nos Jardins, em São Paulo, cedida pelo proprietário para o evento. O livro foi um sucesso de mídia, gerando várias entrevistas em rádios e TVs. O nome da autora consolidou-se e passou a ser identificado com a cidade de Nova York. As vendas foram uma conseqüência. O livro tornou-se um best-seller e foi incluído por varias semanas na lista dos dez mais da *Veja*.

Em uma das muitas viagens a Nova York, por sugestão de Katia, visitei no Plaza Hotel a então manager Celita Jackson e propus-lhe o livro como brinde a visitantes brasileiros. Ela demonstrou interesse, mas não conseguiu verba de seus superiores. O livro, no entanto, foi colocado à venda na loja dentro do hotel. Tentamos colocar o livro em uma loja que vendia jornais e revistas brasileiras, a *Little Brazil*, na Rua 46, mas esbarramos no problema burocrático da importação.

Este *case* tem uma peculiaridade interessante. O projeto do primeiro livro, apesar de ter um conteúdo muito bom, não tinha um formato adequado para distribuição e para a utilização prática pelos leitores.

O formato e a capa do livro correspondem à embalagem de um produto qualquer. Neste caso, a "embalagem" do livro não era adequada. Tivemos, então, o bom senso de relançar o livro no formato mais conveniente, ou seja, com a embalagem correta, e o livro tornou-se um best-seller.

O lançamento desse livro mostrou uma perfeita sintonia entre a autora e o editor, e nos permitiu praticar todo o ferramental de marketing e distribuição com muito sucesso.

GUIA DE NEW YORK – FASHION

Após o sucesso de vendas do livro *Guia de New York*, e a continuação do fluxo de viajantes para Nova York, Katia Zero propôs-me um projeto novo que teria como foco compras. Comprar havia se tornado o passatempo número um do mundo ocidental, e os brasileiros que visitavam Nova York estavam incluídos e com destaque nesta estatística.

O título do novo livro seria *Guia de New York – Estilo/Compras*. Tínhamos certeza de tinha tudo para dar certo. Se a autora já havia colocado no livro anterior indicações e recomendações de produtos e lugares para compras, neste novo livro o foco ficou muito mais estreito e detalhado. As indicações e dicas de produtos e lugares ficaram mais dirigidas, específicas e criativas. Regiões como Garment District, que concentra um número absurdo de negócios relacionados a moda, Orchard Street, Soho, 34th Street, Madison, e 5th Avenue foram esquadrinhadas pela autora e as recomendações colocadas no livro para utilização prática dos leitores. O toque cultural ficou por conta da história da moda nos Estados Unidos, desde a criação do jeans até as grandes marcas de hoje. Incluía sugestões de bons restaurantes, inclusive aqueles freqüentados por celebridades americanas, européias e brasileiras. O livro dava também ótimas dicas de pequenos serviços que, às vezes, os turistas são obrigados a procurar, como cabeleireiro, conserto de sapatos, pronto-socorro dentário, aluguel de roupas etc.

Vale frisar que Katia nunca aceitou cortesia de lojas ou restaurantes. Fazíamos questão de pagar tudo, para que tivéssemos independência total. Fui várias vezes a Nova York e me portei como um turista comum, comprando em lojas e gastando em restaurantes indicados pelo livro, a fim de testá-los. Chegamos a jantar duas vezes na mesma noite em dois restaurantes diferentes e ainda comer a sobremesa em um terceiro.

O conteúdo do livro pronto foi novamente revisado por inteiro por Ivan e Terezinha Angelo. Mais uma vez, Katia propôs fazer toda a diagramação e o design do livro com profissionais de sua confiança em Nova York. Apesar de ter uma profunda admiração por Jacqueline Kennedy, ela escolheu para a capa uma foto da atriz Audrey Hepburn.

O livro foi impresso no Brasil, em quatro cores, formato pequeno, prático de ser levado em viagens. Como material complementar, fizemos um pequeno livreto que continha uma condensação dos itens de mais utilidade em uma viagem a Nova York, além de endereços, telefones importantes e dicas.

Como o lançamento anterior fora realizado em uma residência nos Jardins, para esse novo livro escolhemos o Museu da Arte Moderna, no Ibirapuera. O livro foi promovido e divulgado em toda mídia, e Katia ficou no Brasil por algumas semanas para dar entrevistas a revistas, jornais, rádios e TVs.

As livrarias expuseram o livro em lugares de destaque e registramos vendas expressivas nos aeroportos. O lançamento do *Guia de New York - Estilo/Compras* alavancou as vendas do livro anterior e durante algumas semanas os dois *Guias de New York* estiveram na lista dos dez mais vendidos da Veja. Vale lembrar que são pouquíssimos os autores que conseguiram este feito.

Esses dois projetos editoriais demandaram um investimento muito grande em tempo e dinheiro. O desenvolvimento desses dois produtos, a qualidade dos textos, do design, os lançamentos, a promoção e a divulgação na mídia, a distribuição por meio de livrarias, a sintonia entre a autora e o editor em todo o processo, e, principalmente, a crença de que seriam sucessos foram determinantes para alcançarmos nossos objetivos.

Este, portanto, é um *case* que envolve a criação, o desenvolvimento, o design, a promoção, o marketing e a distribuição, executados com sucesso de vendas e lucro.

O LIVRO DOS VAMPIROS

A editora que eu comandava tinha como foco principal livros de informática, universitários, técnicos, de negócios e alguns títulos de interesse geral. Eu gostava muito de publicar livros de interesse geral, principalmente pelas possibilidades de praticar um marketing diferenciado, agressivo, com qualidade e que explorasse todas as ferramentas que o marketing pode oferecer.

Cada um desses livros que publiquei me deu grandes possibilidades de divulgação e visibilidade da marca, e também espaços em cadernos de jornais e revistas especializadas que nós normalmente não atingíamos com nosso foco editorial regular.

O Livro dos Vampiros (1994) foi um deles.

Gosto muito de cinema. É um pouco de minha história. Nasci e passei minha infância em Viradouro, no interior do estado de São Paulo. No início da década de 1950, o cinema da cidade era de propriedade da Igreja local, cujo pároco era o padre Emílio. Do mesmo modo que foi retratado no maravilhoso filme italiano *Cinema Paradiso*, de Giuseppe Tornatore, toda vez que um ator beijava a atriz, padre Emílio colocava a mão na frente do projetor. Assim, em vez do esperado beijo, aparecia na tela uma mancha escura.

— Tira a mão da frente, padre Emílio — gritava a molecada. Só fomos ver beijos de verdade na tela quando o japonês Ayao Nakamura abriu um cinema novo na cidade.

Minha relação com o cinema vem da infância. Gosto de ler sobre cinema e acompanho as produções e as previsões de lançamento de filmes no Brasil e nos Estados Unidos. Por volta de 1993, li que em 1994 seria a comemoração dos 100 anos de *Drácula*, do escritor irlandês Bram Stocker. Além disso, soube que estava sendo rodado um filme baseado no livro da escritora americana Anne Rice, *Entrevista com Vampiro*, que possivelmente seria estrelado por Tom Cruise e por um ator novato, mas já conhecido, Brad Pitt. Identifiquei uma oportunidade editorial nessa celebração.

Era uma oportunidade para um projeto editorial específico. A idéia era buscar um texto sobre vampiro e lançá-lo simultaneamente à celebração. Eu precisava encontrar um texto para ser publicado rapidamente.

Produzir um livro é como fazer um produto novo para ser vendido em supermercado. Demanda tempo e dinheiro.

Em razão do prazo curto, optei por tentar achar um livro no mercado americano ou inglês. Na editora Visible Ink., especializada em livros sobre temas sobrenaturais, encontrei *O Livro dos Vampiros*. É uma enciclopédia, com verbetes de A a Z, com tudo sobre vampiros e com um foco muito atraente: cinema. Muitos dos verbetes e das ilustrações são relacionados com cinema, atores e livros sobre vampiros.

Contratamos um tradutor competente, e a revisão técnica foi feita por um profissional que, além de gostar de cinema, tinha conhecimentos sobre o tema vampiro.

Por ser um produto novo, criamos uma diagramação condizente com o tema, utilizando uma tipologia de letras que proporcionasse uma identificação com o tema de terror. Compramos da editora americana cópias das ilustrações, fotos e desenhos, para que a reprodução em nosso livro fosse igual à do livro americano.

Utilizamos o mesmo desenho de capa do original, que era muito bom. Para nós, a capa do livro equivale à embalagem do produto de supermercado: tem de ser atraente e adequada ao conteúdo. No caso dos livros, a capa tem uma importância muito grande para atrair a atenção do consumidor, principalmente quando exposto em livrarias.

O livro foi impresso no período programado.

O filme *Entrevista com o Vampiro* estava em cartaz havia pouco tempo, fazendo muito sucesso, e toda a mídia falava dos 100 anos de Drácula. Havia, por parte dos jornalistas, uma busca de material. Era um momento próprio, mas já esperado.

Fizemos varias ações, mas considero duas delas tremendamente criativas, por isso gostaria de relatar.

Selecionamos um grupo de atores e modelos femininos e masculinos, os vestimos com roupas de vampiros, capa preta, dentes pontiagudos postiços, fizemos a maquiagem e enviamos em grupos de dois para entregar os livros nas redações de jornais, revistas, rádios e TVs. A entrega do livro ao jornalista em um pacote especial preto e vermelho causava o que pretendíamos: uma atenção muito especial ao livro. Outros jornalistas, que trabalhavam em outras editorias, queriam ver o que estava acontecendo. Muitos disseram que o livro cabia na editoria deles também. Isso foi anotado pelos grupos e passado para nós. Naturalmente, enviamos o livro a eles também.

Esse trabalho foi feito em São Paulo e no Rio de Janeiro. O retorno foi incrivelmente alto. Obtivemos, entre muitas, duas páginas inteiras na edição de dois dos mais importantes jornais de São Paulo e do Rio de Janeiro, e uma página inteira da revista *Veja*.

Ao mesmo tempo, negociamos com uma rede de livrarias com filiais em shopping centers a exposição do livro em pilhas.

Esse grupo de moças e rapazes vestidos de vampiros promoveram, divulgaram e venderam o livro nessas livrarias, e ofereceram aos visitantes dentes pontiagudos postiços. As ações em livrarias de shoppings em São Paulo e no Rio de Janeiro duraram uma semana, de segunda a sexta-feira. Não permitiram realizar a mesma ação no sábado e no domingo, sob o argumento de que, nesses dias, os shoppings recebiam visitas de muitas crianças, e a caracterização dos vampiros poderia assustá-las.

Em decorrência da divulgação, concedi uma entrevista à MTV, de 20 minutos, em horário nobre, sobre o tema "Tudo que você gostaria de saber sobre vampiros e não teve a quem perguntar". Foi superinteressante. Prepararam um cenário condizente com o tema, com penumbra, castiçais, velas acesas e móveis antigos, eu me vesti todo de preto e respondi às perguntas da entrevistadora sobre o tema do livro. Eu ainda sei muita coisa sobre vampiros.

Esse foi um lançamento de produto que, independentemente do foco da editora, agregou valor à marca, abriu portas de novas editoras e estreitou nossos laços comerciais com algumas livrarias. Vendemos muitos livros, que agregaram valor também a minha imagem profissional.

Observação: o *Livro dos Vampiros* ainda consta de nosso catálogo atual e lançamos recentemente uma nova edição.

UMA LINHA EDITORIAL FORA DO FOCO E DO TEMPO

Logo após o sucesso estrondoso que tivemos com O *Livro dos Vampiros*, acreditávamos ter descoberto uma nova série de temas para publicar. A editora que nos vendeu os direitos daquele livro era especializada em temas esotéricos e voltados para o sobrenatural.

Era uma descoberta importante e poderia abrir a possibilidade de investirmos em um novo foco. Os assuntos esotéricos, espirituais e religiosos eram ainda novidades no Brasil. Lá fora, nos Estados Unidos e na Europa, assistíamos ao crescimento de publicações nesse nicho. Parecia-nos uma boa oportunidade, ainda mais porque *O Livro dos Vampiros* tinha se tornado um best-seller.

Procuramos a editora Visible Ink e contratamos, para tradução e publicação no Brasil, de quatro livros que nos pareceram adequados naquele momento: *O Livro do Inexplicável*, *O Livro dos Anjos*, *O Livro da Nova Era* e *O Livro dos Sonhos*.

Contratamos também um livro de autor brasileiro sobre Óvnis, objetos voadores não identificados, no Brasil.

Fizemos ótimas traduções e os livros foram revisados tecnicamente por especialistas em cada tema. A produção gráfica manteve a qualidade do original americano e as capas foram as mesmas também das originais, com os títulos e os textos em português.

O livro do autor brasileiro foi feito no mesmo padrão dos quatro traduzidos.

Na capa de cada livro anunciávamos os temas que seriam publicados.

O plano era lançar um livro a cada dois meses. Dessa forma, teríamos tempo para a promoção e divulgação junto à mídia e às pessoas do nosso *mailing list*. Teríamos tempo também para a distribuição nas livrarias. A idéia era que, fazendo um lançamento a cada dois meses, os leitores também poderiam comprar um novo livro a cada dois meses.

Não havia no Brasil ainda, por parte dos leitores, o hábito de procurar livros sobre esses temas esotéricos e espirituais. Por isso, sabíamos que era necessário criar a demanda. O primeiro texto publicado foi *O Livro da Nova Era*.

A primeira dificuldade surgiu quando procuramos os veículos da mídia para a divulgação. O número de revistas e veículos que tratavam desses temas não era grande, e os jornalistas não nos conheciam. Além disso, eles não se interessaram em pautar o tema.

Diferentemente do *Livro dos Vampiros*, que tínhamos lançado paralelamente ao filme *Entrevista com o Vampiro*, com Tom Cruise e Brad Pitt, além da celebração do centenário da publicação de *Drácula*, de Bram Stocker, *O*

Livro da Nova Era não tinha nada a que se relacionar. Era somente um livro novo, esotérico, e que ainda não despertava atenção e curiosidade.

Colocamos então nossas fichas em nosso *mailing list*. Acontece que nosso público era constituído por professores, técnicos, estudantes, executivos, empreendedores e empresários, entre outros. Eles poderiam até estar interessados nesses temas, mas, quando se relacionavam com nossa editora, o foco era profissional e acadêmico. A resposta foi muito pequena.

Pela nossa força e prestígio, conseguimos distribuir e colocar os livros em muitas livrarias, e em destaque, em lugares nobres e vitrines.

Com o passar dos dias e das semanas, verificamos que o livro não havia rodado, ou seja, não estava vendendo. A justificativa era que o livro não tinha saído na mídia e que a resposta do nosso *mailing* também havia sido pequena.

Ficamos dependentes das vendas de estímulo nas livrarias, o que também não ocorreu.

Nesse ínterim, o segundo título, *O Livro do Inexplicável*, já estava pronto para ser lançado. Julgamos que o lançamento desse livro poderia alavancar as vendas do anterior. Além disso, mostraria ao público o caráter de coleção.

No entanto, os mesmos problemas anteriores voltaram a ocorrer, e o novo livro também não vingou.

Tínhamos mais três livros para lançar, e já tínhamos investido em todos eles, nos adiantamentos de direitos autorais, nas traduções, nas revisões técnicas e na diagramação. Faltava só a impressão, ou seja, papel e gráfica. Tomamos então a decisão de publicar os últimos três livros a cada quatro meses, levando em conta a questão do fluxo de caixa.

Assim, lançamos *O Livro dos Sonhos*, *O Livro dos Anjos* e *O Livro dos Óvnis*, sem muita confiança. Já ficaríamos satisfeitos se conseguíssemos pagar as despesas. Pois bem, apesar de todos os esforços, os livros não venderam.

Estivemos com os livros em nosso catálogo regular por cerca de dois anos, e a partir daí colocamos em promoção a preço muito especial, ou seja, com um desconto bastante grande. A maioria das vendas foi realizada em feiras e eventos de que participamos com estande próprio e nos quais fizemos "pilhas" de livros em promoção ao preço de "um pelo outro": R$ 10, R$ 15 ou R$ 20.

Alguns anos depois, os livros de auto-ajuda, esotéricos e voltados para a espiritualidade tornaram-se sucesso. A essa altura, nossos livros já estavam fora do catálogo, e não nos animamos a publicar novamente.

Hoje seria um sucesso

Se analisarmos os temas hoje, esses livros seriam, com certeza, um sucesso. Na época, meados dos anos 1990, ainda não eram atraentes. Portanto, publicamos esses livros em um momento não adequado, em que esses conhecimentos não eram desejados pelo público.

Outro erro foi publicar uma série de livros fora do nosso foco editorial. Não conseguimos motivar nossos leitores. Ou seja, erramos no foco e no tempo.

Por outro lado, hoje, por meio da internet, é mais fácil identificar e atingir públicos e "tribos" diferentes. Se estivéssemos lançando aqueles cinco livros hoje, a possibilidade de atingirmos comunidades interessadas nos temas específicos por meio de sites, MSN e Orkut seria bem maior. Hoje, há no mercado diversas editoras e sites focados em temas esotéricos e espirituais. Nas próprias livrarias existem espaços dedicados a esses assuntos. A internet facilitou, e muito, a comunicação direta entre pessoas.

ENTRE CORRIDAS DE TÁXI

Sempre que pego um táxi, procuro puxar uma conversa informal. Taxistas são pessoas especiais. Apesar do isolamento natural da profissão, eles têm todos os dias a oportunidade de conhecer e conversar com pessoas diferentes. Eu, particularmente, gosto muito de conversar durante a corrida. Os dois episódios que descrevo a seguir foram bastante marcantes e significativos. Sempre que há uma oportunidade, gosto de contá-los como exemplos de estratégia de vida.

O taxista de Gana

Eu estava em Chicago, onde fui participar da feira do livro dos Estados Unidos, e peguei um táxi, na porta do hotel, para o aeroporto. No caminho, puxei conversa com o taxista e descobri que ele era imigrante de Gana, um afro-americano que já vivia nos Estados Unidos havia mais de 20 anos. Falamos um pouco do Brasil, de Gana e de futebol.

É incrível como pessoas de todo o mundo, quando falamos que somos do Brasil, logo puxam o assunto para o futebol. Há alguns anos era Pelé, agora Ronaldos e Kaká. Nossa conversa, por alguma razão, foi em direção a assuntos de família e, em dado momento, ele contou que trabalhava com táxi de 12 a 15 horas por dia, porque seu filho havia entrado na universidade e ele precisava custear as despesas do rapaz. Nos Estados Unidos, o curso universitário requer dedicação praticamente total, a anuidade escolar é cara, e a exigência de compra e utilização de livros é fundamental.

Isso significa que o filho, como todos os outros estudantes, não tinha como trabalhar para ajudar nas despesas da casa. Para quem não sabe, as famílias americanas, quando têm filhos, desde cedo iniciam uma poupança financeira específica para custear os filhos na universidade. Aquele taxista não tinha conseguido fazer uma poupança e, por isso, trabalhava de 12 a 15 horas por dia, com o táxi, para custear os estudos dos filhos.

Em certo momento da conversa, ele me contou que seu filho reclamava da mesada que recebia para os gastos mais gerais, inclusive de lazer. Como o filho utilizava esse dinheiro para comer um lanche, comprar revistas, esses pequenos gastos do dia-a-dia, não lhe sobrava dinheiro suficiente para sair com os amigos no fim de semana, para se divertir e paquerar as meninas.

O taxista contou-me preocupado e disse-me que não sabia o que fazer, pois o dinheiro que ele ganhava dava exatamente para sustentar a família, custear os estudos do rapaz e dar-lhe aquela mesada. Ele estava até amargurado porque não via como aumentar a mesada do filho. O que mais lhe doía era quando o filho dizia que, pelo fato de não ter dinheiro, não podia, como seus amigos, correr atrás das meninas.

Foi então que lhe perguntei:

— E o que você respondeu a seu filho?

E ele disse:

— Disse para ele se concentrar nos estudos. Quando se graduar e, quem sabe, ter um título de doutor, ele vai conseguir um ótimo emprego, e aí as meninas é que vão correr atrás dele, e ele vai poder escolher!

Virou-se para mim e perguntou:

—Você acha que estou agindo certo?

O máximo que podia fazer, e fiz naquele momento, foi oferecer-lhe uma ótima gorjeta no fim da corrida.

O taxista de São Paulo

Peguei um táxi em uma esquina da Avenida Faria Lima em direção ao Aeroporto de Congonhas. Nossa conversa girava em torno das oportunidades de trabalho, desemprego e, em dado momento, perguntei-lhe:

— E como vai seu negócio? Está bom para o táxi?

E ele me respondeu:

— Você precisa saber trabalhar. É bom ter sempre uma corrida certa todos os dias. Eu, por exemplo, todos os dias, às 7 horas da manhã, trago um senhor que mora lá pelos lados da minha casa até a Avenida Paulista. Já começo o dia com uma corrida garantida. Do dia 1º até lá pelo dia 15 do mês, o pessoal ainda tem dinheiro para o táxi, a gente roda bastante. Nesse período, principalmente as mulheres, usam muito táxi. Depois do dia 15, começam a utilizar mais metrô e ônibus. Do dia 16 ao dia 30, procuro rodar menos sozinho. Eu geralmente paro mais no ponto, ou rodo mais perto de supermercados, nas ruas do comércio, lugares onde há mais possibilidade. Agora, se estiver mesmo ruim, na segunda quinzena do mês eu não me aperto. Paro o táxi e vou ganhar dinheiro trabalhando com outra coisa.

Depois disso, o taxista contou um pouco de sua vida:

— Quando percebi que eu não conseguiria estudar, disse para mim mesmo: preciso aprender várias profissões para não ficar sem trabalho. Então, além de taxista, sou pedreiro, marceneiro, eletricista, pintor, já guiei ônibus urbano e interurbano, só falta aprender a guiar metrô. Ah, neste momento, estou aprendendo com meu filho a usar o computador. Como eu disse ao senhor, se o negócio do táxi não estiver bem, eu não fico sem trabalho, não. Minha família nunca vai passar fome.

Esse foi, com certeza, um dos mais ricos exemplos de pensamento estratégico, intuitivo e responsável que conheci.

MICHAEL BLOOMBERG: O LIVRO E O CAFEZINHO

No fim dos anos 1990, a Bloomberg já era uma realidade como empresa de comunicações focada em indicadores financeiros, bolsas de valores e commodities, com representatividade em vários países do mundo. No Brasil, a marca já estava estabelecida havia alguns anos e ganhara notoriedade com sua inclusão na programação da NET. Além disso, várias instituições financeiras tinham instalado terminais em suas dependências para utilizar os serviços oferecidos pela empresa americana.

Nessa época, visitando a Feira do Livro de Chicago, descobri um livro autobiográfico do empresário Michael Bloomberg, fundador e presidente do Grupo Bloomberg e um dos homens mais ricos dos Estados Unidos. Contratei o livro para tradução e publicação em português no Brasil e já voltei da viagem com um plano estratégico de lançamento.

A primeira coisa que fiz foi marcar uma reunião com um executivo da Bloomberg do Brasil para propor-lhe um lançamento conjunto do livro. Seria tremendamente interessante se pudéssemos agregar a nosso marketing de divulgação e promoção a contribuição da própria Bloomberg por meio de seus canais de comunicação.

Outro item importante, que agregaria valor ao livro, seria usar na tradução para o português os mesmos termos técnicos utilizados por eles nas comunicações diárias, pois haveria uma perfeita sintonia e interação com seus ouvintes e telespectadores. Para isso, precisávamos de uma colaboração deles na tradução do glossário do livro.

A aceitação de nossa proposta foi ótima. Eles já conheciam o livro, gostaram muito da idéia de lançá-lo no Brasil e concordaram em ajudar-nos com a revisão técnica.

À medida que o livro estava sendo traduzido e produzido, ocorreu um fato surpreendente. Ao saber que estávamos trabalhando na publicação de seu livro no Brasil, Michael Bloomberg decidiu vir para o lançamento. O projeto ganhou, então, uma nova dimensão e uma atenção muito especial. Estabelecemos a data que o livro deveria estar impresso e Michael Bloomberg programou sua viagem com base nisso. A empresa Bloomberg, por sua vez, iniciou uma preparação específica para receber a visita de seu presidente, desenvolvendo uma programação especial, incluindo o lançamento do livro. Eles decidiram que os convidados seriam presenteados e assumiram o compromisso de comprar mil exemplares do livro.

Em agosto de 1998, Michael Bloomberg veio ao Brasil e, segundo sua orientação, exclusivamente para o lançamento de seu livro. Na verdade, foi uma ótima justificativa para vir ao Brasil em viagem "não oficial", podendo fazer a programação que lhe conviesse, livre dos compromissos oficiais e políticos. O empresário revelou que havia muito tempo queria vir ao Brasil.

O evento de lançamento foi realizado em um salão do World Trade Center e contou com a presença de aproximadamente 300 convidados. Bloomberg fez um discurso de três minutos, no qual agradeceu pela publicação do livro e enfatizou que havia vindo ao Brasil para seu lançamento. Em seguida, formou-se uma grande fila para os autógrafos.

Sua visita repercutiu tremendamente na mídia, e obtivemos espaços generosos na divulgação do livro. O mesmo ocorreu nas livrarias, principalmente de São Paulo, que colocaram a obra em exposição em vitrines e em outros pontos estratégicos.

No evento de lançamento, quando me apresentei a Bloomberg como editor, recebi dele um convite para que, quando fosse a Nova York, passasse em seu escritório para tomar um café. Em 2001, Bloomberg tornou-se prefeito de Nova York e, em 2005, elegeu-se para seu segundo mandato. Até agora, não tive coragem de aparecer lá para aquele cafezinho.

A qualidade do texto, do conteúdo e a identificação de uma possibilidade de parceria fizeram desse livro um produto altamente atraente de ser lançado. Vale enfatizar a ação efetiva de procurar a Bloomberg para apresentar um projeto específico de parceria. A ação efetiva é fundamental para o sucesso de um projeto.

O livro proporcionou todo trabalho de divulgação e promoção, e a parceria e a vinda do autor ao Brasil maximizaram os resultados.

KEVIN ROBERTS E AS *LOVEMARKS*

Como ocorreu no *case* anterior, foi durante uma feira de livro – dessa vez em Frankfurt, na Alemanha – que garimpei uma nova oportunidade: o livro *Lovemarks*, do inglês Kevin Roberts, presidente mundial da agência de publicidade Saatchi & Saatchi. A exemplo do que fizemos com a Bloomberg, procuramos a F. Nazca, representante da Saatchi & Saatchi no Brasil, e propusemos uma parceria para o lançamento do livro no país. Essa ação resultou na vinda de Roberts para o lançamento da obra, em novembro de 2004.

Exatamente como no *case* anterior, nossos parceiros nesse projeto nos ajudaram com a revisão técnica do livro, para uniformizar a terminologia utilizada no Brasil, e comprometeram-se em adquirir certa quantidade de livros.

Como havia um interesse muito grande em maximizar na mídia a vinda de Roberts, a F. Nazca decidiu que toda a divulgação da visita e sua programação, incluindo a noite de autógrafos, ficariam a cargo de sua assessoria de comunicações. Para nós ficou a responsabilidade da divulgação do livro nos veículos competentes. A vinda do autor ao Brasil, estimulada pelo ótimo trabalho de divulgação do pessoal da F. Nazca, conquistou espaços importantes nos veículos de comunicação. De nosso lado, todo esse movimento proporcionou espaços generosos e significativos de mídia espontânea.

O lançamento contou com a presença de aproximadamente 300 pessoas e foi realizado em um espaço especial de eventos no bairro da Vila Nova Conceição, em São Paulo. O autor fez uma breve apresentação do livro, incluindo audiovisual, e em seguida concedeu os autógrafos. Os convidados foram presenteados com o livro.

Por se tratar de um texto de marketing com histórias, *cases* e ensinamentos práticos, promovemos o livro em faculdades de alto nível para adoção e indicação aos alunos. O livro é, ainda hoje, adotado como leitura e texto de marketing.

Depois do lançamento, Kevin Roberts, considerado uma das estrelas mundiais da publicidade, esteve no Brasil mais três vezes para palestras organizadas pela empresa HSM.

Como no *case* anterior, a identificação do livro, a parceria para unir forças na promoção e divulgação na mídia e a aquisição antecipada de uma quantidade de exemplares por parte do parceiro permitiram-nos atingir o "ponto de equilíbrio" já na primeira impressão. Tudo isso fez desse livro um projeto muito especial, como também havia sido o anterior, de Michael Bloomberg.

Volto a sublinhar a importância de executar a ação de contatar o parceiro, negociar e fazer tudo acontecer. Gosto de enfatizar muito essas ações de parceria porque, muitas vezes, planeja-se muito uma coisa, mas o projeto nunca sai do papel. Com freqüência, buscar o parceiro certo é uma forma de viabilizar o projeto.

Em todos os negócios, a ação efetiva é fundamental. Na maioria das vezes ela acontece fora dos limites de seu escritório, e aí é preciso você ir lá – ou seja, sair do comodismo de seu ambiente de trabalho e fazer acontecer.

SÃO PAULO, 450 RAZÕES PARA AMAR

A maçã de Newton caiu forte em minha cabeça na semana de 25 de janeiro de 2003, durante o aniversário dos 449 anos da fundação da cidade de São Paulo, ou seja, um ano antes da comemoração dos 450 anos.

Eu cheguei a São Paulo no dia 6 de janeiro de 1964, com um diploma de técnico em contabilidade nas mãos e um sonho grande de me realizar profissionalmente e ser feliz.

São Paulo me deu tudo que tenho e sou hoje, minha família, esposa, filhos e minha realização profissional.

Esse era o momento de agradecer e manifestar meu amor por esta cidade.

O projeto do livro

Pensando assim, imaginei que muitas outras pessoas, como eu, desejassem o mesmo, e isso poderia ser feito por meio de um livro.

O livro deveria conter depoimentos de 450 personalidades que, como eu, desejassem e tivessem a oportunidade de manifestar e registrar seu amor por São Paulo.

Eu tinha na cabeça a idéia básica, e por antecipação já sabia que era um projeto trabalhoso e que teria de ser feito em um prazo determinado, que era curto.

Alguns meses antes, eu tinha sido entrevistado por um jornalista da Editora Abril, Ernesto Yoshida, e gostei muito do texto publicado. Convidei-o para co-autor.

Como disse anteriormente, eu tinha uma idéia básica do livro. Deveríamos contatar 450 personalidades que representassem a comunidade da cidade de São Paulo, naquele momento, na maior variedade possível de origens, profissões, credos, enfim, toda a multiplicidade de cidadãos que compõe a comunidade desta grande metrópole.

Já na primeira reunião com Yoshida, saímos com uma idéia do projeto.

A escolha dos nomes

A primeira decisão foi a de prepararmos uma lista de cidadãos a serem contatados, e como contatá-los. Como buscaríamos personalidades, empresários, artistas, pessoa de acesso direto difícil, era preciso termos uma referência.

Seria então utilizada minha imagem pessoal conquistada por meio de minha atuação durante o período em que estive à frente da Makron Books para contatar os possíveis depoentes.

Definimos três perguntas a ser formuladas aos participantes e, a partir das respostas, caberia a nós, autores, principalmente a Yoshida, interpretar e trabalhar o texto a ser publicado.

Verificamos que o projeto requeria um trabalho dedicado *full time* para contatarmos as pessoas e obtermos respostas a tempo de publicarmos o livro no prazo que prevíamos.

Como editor, eu já tinha publicado vários livros com o objetivo de ser lançados em alguma data específica comemorativa para maximizar marketing e vendas. Esse nosso livro tinha como referência a data comemorativa dos 450 anos de São Paulo, dia 25 de janeiro de 2004.

Para lançar o livro, tínhamos duas preocupações básicas quanto à data do lançamento. Vários outros livros seriam lançados em comemoração à data, e, no dia 26 de janeiro de 2004, ou seja, um dia após o aniversário, acabavam as comemorações.

O livro tinha de ser lançado bem antes para sairmos antes que os outros e para termos tempo de trabalhar o marketing, a distribuição e as vendas. Definimos, então, que a data ideal seria em meados de novembro de 2003, isto é, dois meses e meio antes de 25 de janeiro de 2004.

As perguntas e o desenvolvimento do projeto

Para cumprirmos o prazo, foi preciso criar uma estrutura interna dedicada. Recrutamos uma jornalista, Tiana Chinelli, para nos ajudar a tocar esse projeto. Montamos uma estrutura com computadores, e-mail, internet, impressoras, telefones, fax e mais duas colaboradoras para auxiliarem. A partir daí, nos cinco meses seguintes, nos dedicamos a contatar as 450 personalidades e obter respostas às três perguntas seguintes:

1) Por que gostam de São Paulo?
2) O que São Paulo tem que outras cidades não têm?
3) Qual o lugar ou programa imperdível que recomendam em São Paulo?

Era de se supor que encontrássemos muitas dificuldades para contatar todas as pessoas cujos depoimentos gostaríamos de ter. No entanto, foi gratificante descobrir que a grande maioria não só respondeu, como também respondeu com toda boa vontade. Afinal, estávamos oferecendo uma oportunidade de tornarem público seu amor por São Paulo.

O curioso é que muitas dessas personalidades que procuramos não responderam e não entraram no livro porque fomos barrados por secretárias ou assessores de imprensa excessivamente zelosos. Houve caso em que, após o livro ter sido lançado, a personalidade se queixou de não ter participado do livro, e nós justificamos que houve excesso de proteção de seus colaboradores.

Foi o caso da então prefeita Marta Suplicy. Alguém da Prefeitura de São Paulo responsável pelas comemorações dos 450 anos estabeleceu que todos os projetos de que a Prefeitura fosse participar deveriam passar pela análise e avaliação da Fundação Anhembi.

Quando fomos tentar obter o depoimento da prefeita para o livro, foi nos recomendado que apresentássemos o projeto para a análise da Fundação Anhembi. Nosso projeto era de iniciativa privada, todo investimento estava sendo feito pela editora, e não achamos que devíamos submetê-lo à aprovação daquele órgão publico. Além disso, sabíamos como funcionava muitas vezes o serviço público, e tínhamos um prazo a cumprir.

Tentamos um depoimento da prefeita Marta por meio da assessoria de imprensa, direto com seus assistentes e secretários. Finalmente, num evento comemorativo de 7 de setembro de 2003, a jornalista Tiana Chinelli conseguiu falar diretamente com a prefeita, mas ela declinou da solicitação.

Curiosamente, foi nesse mesmo dia, no mesmo evento, que obtivemos o depoimento do então governador de São Paulo, Geraldo Alckmin. Também assessores, assistentes e secretários dele tinham dificultado a obtenção do depoimento, anteriormente.

Outra curiosidade na coleta dos depoimentos foi o fato de escolhermos entrevistar também pessoas do povo, mas com alguma forte ligação com a cidade, como, por exemplo, o síndico do Edifício Copan, o cortador da grama do Estádio do Pacaembu, o ascensorista do Terraço Itália, um expositor da Feira de Artesanato da Praça da República, outro do Parque Trianon, e várias outras pessoas importantes para nós.

Discutimos a viabilidade de contatarmos o presidente Lula, mas, pelos problemas que encontramos para falar com a prefeita e com o governador de São Paulo, resolvemos não fazê-lo. Tínhamos um prazo a cumprir.

Em setembro de 2003, já tínhamos colhido todos os depoimentos. As contribuições de Yoshida e de Tiana na uniformização e sintetização dos textos foram fundamentais.

Quando o projeto iniciou, tínhamos o objetivo de fazer um livro de depoimentos, mas ainda não tínhamos definido o formato, o papel, as cores, o tipo de capa. À medida que o projeto foi sendo desenvolvido, acompanhando os nomes das personalidades e os resultados das entrevistas, fomos ficando cada vez mais motivados a fazer um livro especial, "de arte".

Ilustração e fotos

Preparamos uma lista dos lugares de São Paulo mais citados pelos entrevistados em nosso questionário, contratamos o fotógrafo Germano Lüders e pedimos que ele fotografasse esses lugares em cores e em preto e branco, pela sua ótica. As fotos ficaram tão belas que decidimos publicar o livro em cores e, conseqüentemente, em papel couchê.

Decidimos então pensar grande e contratamos Douglas Lucas para o design interno e de capa.

O mês de outubro de 2003 foi dedicado à diagramação e ao acompanhamento da produção gráfica.

Estávamos projetando a impressão e a publicação para 10 de novembro de 2003 – alguns dias antes do prazo inicialmente previsto de 15 de novembro.

O lançamento no Museu da Casa Brasileira

Do mesmo modo que pensamos grande o livro, pensamos grande no lançamento, e o local escolhido foi o Museu da Casa Brasileira, na Avenida Faria Lima, um local bonito e importante que, com certeza, agregaria valor ao lançamento, além de ser muito bem localizado, o que facilitava a presença dos convidados.

Em um lançamento de livros, o que traz as pessoas para o evento são os autores, e nós, além de nosso *mailing* pessoal, tínhamos os 450 depoentes como convidados. Era muito importante a presença deles.

Organizamos o evento focando duas ações estratégicas:

1) A preparação do local, os convites, RSVP, coquetel, valet e segurança.
2) O cerimonial.

Local, coquetel, valet e segurança

O espaço destinado a eventos e lançamentos de livros no Museu da Casa Brasileira é um grande salão, com um dos lados abertos para uma ampla área verde. O salão, por si só, já é um show e não necessita de decoração.

O aluguel do espaço não dá direito à utilização da eletricidade própria do prédio, e foi preciso contratar um gerador dedicado à iluminação do evento.

Providenciamos um pequeno tablado em forma de palco para os discursos programados.

Reproduzimos em formato pôster trinta fotos de São Paulo que ilustram o livro e colocamos em um canto do salão, utilizando cavaletes, como se fosse uma exposição de fotos. A idéia era criar um espaço especial como atração.

Na parede dos fundos, atrás do palco, colocamos pôsteres gigantes com o nome de todos os depoentes em ordem alfabética.

Contratamos um bufê para 300 pessoas e serviço de valet e segurança.

À entrada do primeiro salão colocamos duas mesas com os livros para venda, e dentro do salão do evento, à esquerda, a mesa para autógrafos.

Os convites

Como disse anteriormente, os responsáveis por colocar pessoas em um lançamento de livros são os autores. A grande vantagem é que tínhamos, além de nossas listas pessoais, os 450 depoimentos incluídos nos livros. Independentemente da importância de nossos convidados pessoais, a presença das personalidades do livro é que fariam a diferença. Eu diria que o sucesso do lançamento estava diretamente relacionado com a presença dos depoentes.

Os 20 dias que antecederam o lançamento foram utilizados para contatar os autores dos depoimentos por meio de convites impressos, e-mail e diretamente por telefone. Como já tínhamos contatado os depoentes anteriormente, tínhamos um canal aberto e um *mailing* disponível. Além de convidá-los, abrimos a possibilidade de eles próprios convidarem pessoas de seus relacionamentos. Para isso, transmitimos o conceito de que, pelo fato de serem depoentes, a festa era deles também.

Na última semana antes do evento, concentramos esforços no *follow-up* e na confecção da lista de presença. Às vésperas do evento, tínhamos cerca de 350 confirmações.

A recepção dos convidados

Com a confirmação da presença de personalidades, depoentes e convidados importantes, era preciso criar uma recepção compatível. O Museu da Casa Brasileira fica em uma avenida muito bem localizada e conhecida, a Faria Lima, na Zona Oeste, o que facilitava o acesso aos convidados. O museu está sediado em uma casa antiga em estilo colonial, cercado de jardim. A entrada pela Faria Lima é feita por um portão de ferro que conduz o visitante ao pátio de entrada e, conseqüentemente, à entrada principal da casa.

Sempre que organizo um evento, penso e estudo, passo a passo, a rotina da chegada, recepção, cerimonial e saída dos convidados, e nesse caso ficou assim. Os convidados chegariam, em sua maioria, de carro e seriam recepcionados por um serviço de valet. Na porta da entrada principal colocamos duas recepcionistas que os receberiam e indicariam a sala seguinte, onde estariam os livros para serem adquiridos. Junto à mesa com os livros, duas pessoas realizariam a venda. Em seguida, os convidados seriam conduzidos ao salão principal do evento. À porta desse salão, outra recepcionista lhes ofereceria as boas-vindas. À saída, os convidados refariam o trajeto de entrada e utilizariam o serviço do valet.

Como disse anteriormente, tudo fora planejado, as pessoas envolvidas nos serviços foram bem instruídas, e tudo funcionou dentro de nossas expectativas.

O cerimonial

Tínhamos de cuidar que o cerimonial fosse compatível com a importância que queríamos dar ao evento, e tínhamos duas situações a ser resolvidas.

Havia a possibilidade de os depoentes criarem uma expectativa de que receberiam o livro gratuitamente. Decidimos que nós, autores/organizadores, não assinaríamos os livros como em uma noite de autógrafos.

Para solucionar o primeiro item, demos ao evento um caráter filantrópico: 50% da renda seria destinada à Associação de Assistência à Criança Deficiente (AACD). Com isso, obtivemos o comprometimento da presença de sua presidente e fundadora, dona Jô Clemente. Isso nos ajudou a solucionar a segunda questão do cerimonial. Como não haveria autógrafos dos autores, programamos três discursos, a ser feitos pela dona Jô Clemente em nome da AACD, por mim como autor e por Paulo Gaudêncio em nome dos depoentes.

O mestre de cerimônia seria Ricardo Viveiros.

Os convites foram impressos, com a menção da AACD como entidade filantrópica participante.

Tudo acertado, criamos a estrutura para sistematizar e operacionalizar o evento.

Como disse anteriormente, o convidado chegava, normalmente, de carro, e era recepcionado pelo serviço de valet. Duas recepcionistas estavam posicionadas na porta de entrada do prédio, para indicar o salão seguinte, onde estavam os livros à venda. Nesse salão colocamos os livros e dois funcionários da editora para efetuar as vendas.

Em seguida, havia um pequeno corredor que ligava esse salão ao salão principal do evento. Na entrada desse corredor colocamos uma recepcionista para indicar o salão principal ao convidado. Na entrada do salão principal, outra recepcionista perguntava se o convidado era autor de um depoimento. Se fosse, solicitava que ele se dirigisse a uma mesa, já dentro do salão, à esquerda, onde tínhamos os três livros para serem autografados pelo depoente. Nessa mesa, era recebido por outra recepcionista, que abria os livros nas páginas de seu depoimento para que ele autografasse.

Havíamos colocado no local uma exposição de fotos publicadas no livro, que foi uma atração especial, e grandes pôsteres na parede com os nomes em ordem alfabética de todos os depoentes. Foi gratificante vê-los localizar seus nomes.

O evento iniciou às 18h30 e fizemos a cerimônia de lançamento do livro às 20h. O mestre de cerimônias, Ricardo Viveiros, agradeceu a presença de todos e falou brevemente sobre o evento. Em seguida, relatei a idéia e o desenvolvimento do projeto. E terminei falando da importância do registro histórico dos 450 anos de São Paulo por meio das palavras de 450 depoentes, que representavam a comunidade paulistana naquele momento. Depois de mim, dona Jô Clemente fez uma narrativa emocionante sobre a AACD. Em nome dos depoentes falou o brilhante psicólogo Paulo Gaudêncio.

A cerimônia levou quinze minutos, no máximo.

A Rede TV entrevistou-me ao vivo, no *Jornal da Noite*, conduzido pela Maria Lídia. Tivemos também a presença de diversos jornalistas e fotógrafos, que registraram o evento. Foi um sucesso total.

Promoção, divulgação e vendas

Por ter sido o primeiro livro publicado em comemoração aos 450 anos de São Paulo, nos dias que sucederam o evento de lançamento, diversos jornais e revistas publicaram matérias grandiosas, com a capa do livro e até reproduzindo fotos internas.

Nós, autores, fomos procurados para dar entrevistas a TVs, revistas, jornais e internet.

O livro teve uma recepção ótima por parte das livrarias, que o colocou em local de destaque em vitrines e nas prateleiras na entrada das lojas, lugares nobres.

A Bienal do Livro de São Paulo

A cada dois anos é realizada em São Paulo uma grande feira do livro, daí o nome Bienal do Livro. Isso ocorre para que haja um revezamento com o Rio de Janeiro. Por coincidência, em 2004, ano da celebração dos 450 anos de São Paulo, a feira do livro foi realizada na capital paulista, no Centro de Exposições Imigrantes.

Tradicionalmente, há uma cerimônia oficial de abertura com a presença de personalidades representativas dos governos federal, estadual e municipal, além de representantes de associações da iniciativa privada. É tradição também oferecer às autoridades presentes, e aos convidados especiais, nacionais e internacionais, um livro, que acaba sendo o livro símbolo de Bienal.

O nosso livro *São Paulo, 450 Razões para Amar* foi escolhido como o livro símbolo da Bienal do Livro dos 450 anos de São Paulo. Para isso, preparamos uma edição especial, com uma capa totalmente nova, mantendo a estrutura interna do livro. O patrocínio de 3 mil exemplares foi proporcionado pela OESP Gráfica e pela Suzano Papel e Celulose.

A cerimônia oficial de abertura da Bienal teve como anfitrião o presidente da Câmara Brasileira do Livro (CBL), Oswaldo Siciliano, e contou com o prestígio e as presenças do presidente da República, Luiz Inácio Lula da Silva, do governador Geraldo Alckmin e da prefeita Marta Suplicy. A todos eles foi ofertado, durante a cerimônia, um exemplar de nosso livro.

No mesmo dia, à noite, no jantar de gala realizado na Sala São Paulo, oferecido pela CBL a editores, livreiros e convidados especiais, o livro foi distribuído para 300 convidados.

Gostaria de registrar que mantivemos contato com os depoentes e, sempre que alguma coisa importante relativo ao livro acontecia, nós os informávamos por e-mails. Quando o livro foi escolhido o símbolo oficial da Bienal, tratamos logo de dividir essa conquista com todos eles.

Aproveitamos para convidar os depoentes a visitar a Bienal do Livro, em particular nosso estande, solicitando aos que não tinham comparecido ao lançamento que, durante suas visitas a Bienal, autografassem os três livros. Os que compareceram foram presenteados com um exemplar da edição especial.

Esse foi um projeto completo que começou com uma idéia criativa, aproveitando uma oportunidade específica, a comemoração dos 450 anos de fundação da cidade de São Paulo, um projeto que, obrigatoriamente, teve de seguir um planejamento com prazos rígidos. O sucesso do livro deveu-se a uma conjunção de um ótimo conteúdo, uma produção gráfica do mais alto nível e um competentíssimo planejamento de marketing de produto, envolvendo desde sua concepção, produção, design, embalagem, promoção, divulgação, lançamento, distribuição e *follow-up*.

Como *case* de marketing, sugiro o estudo por etapas e como um todo.

Embora o dia 25 de janeiro de 2004 tenha ficado para trás, esse livro continua vivo em nossa linha editorial, logicamente vendendo menos. Temos tido algum sucesso, ainda, oferecendo-o como "brinde" para empresas. Por ser um livro de interesse geral, com fotos coloridas, depoimentos de personalidades e, principalmente, por não exigir conhecimentos específicos para sua apreciação, deverá continuar em nossa linha editorial, vendendo sempre.

A BÍBLIA DE VENDAS E OUTRAS BÍBLIAS

O livro *A Bíblia de Vendas* tem um significado muito especial para mim, pelo design criativo que demos ao projeto e que foi decisivo para o sucesso de vendas.

O varejo está hoje inundado de produtos de consumo que oferecem os mesmos benefícios e preços. Fazer o consumidor optar por seu produto torna-se um desafio tão grande, que está obrigando o pessoal do marketing e da propaganda a criar ações cada vez mais criativas e proativas. Com isso, o design e a embalagem passaram a ser ferramentas poderosíssimas nesse processo.

Com o livro acontece a mesma coisa. Em uma livraria, a capa, o formato, as cores e a diagramação são equivalentes ao design e à embalagem do produto. Uma capa atraente traz os mesmos benefícios de uma embalagem criativa de produto no supermercado.

Há alguns anos, visitando a Feira Internacional do Livro dos Estados Unidos, em Nova York, pincei um texto bastante sugestivo, *A Bíblia de Vendas*. Era um livro de capa mole, brochura, uma diagramação normal, nada especial, mas com um conteúdo muito atraente. Como de hábito, solicitei opção de tradução para a editora do original americano, John Wiley, e trouxe o livro para ser avaliado para uma possível publicação em português no Brasil. O texto era mesmo muito bom, criativo, ágil, alegre, dinâmico, tudo que a área de vendas precisa ter.

Eu havia tido experiências em publicar livros que classifiquei de "A Bíblia", com bastante sucesso, na área de informática. Lembro-me de ter criado uma série de livros sobre Delphi, Windows e C++ com o subtítulo "A Bíblia", que fizeram muito sucesso.

Durante os anos 1990, as editoras inundavam o mercado com livros de informática que, no fim das contas, eram muito parecidos. Havia dezenas de livros de Windows, Word, Excel, Access etc., que eu gostava de classificar como "me too books", pois eram todos iguais.

Para tentar ser diferente e buscar um público específico, decidi publicar uma série de livros técnicos com muito conteúdo, bastante abrangente e com um nível alto de informação técnica. Eram livros com formato grande, 21 x 28 centímetros, com média de 600 páginas. Para dar um diferencial de marketing, chamamos a série de "Dominando", pois cobria todas as informações técnicas necessárias.

Como outro diferencial de marketing, dizíamos que não era um "livro", e sim uma "ferramenta", e usávamos a palavra em inglês, "tool". Como uma ferramenta, esse livro ficava ao lado do computador, e o profissional utilizava as informações contidas nesse "tool" quando necessário. Era um livro de consulta permanente.

Um dos primeiros livros que publicamos foi *Dominando o Delphi*, de um autor até então desconhecido, Marco Cantu. O Delphi era um programa relativamente novo, mas havia caído no gosto dos usuários, principalmente os que exigiam uma qualidade técnica maior. Eu me lembro de que o livro foi lançado em uma feira de informática muito prestigiada na época, a Fenasoft. Apesar do preço, o livro tornou-se rapidamente um sucesso. Foi então que aconteceu naturalmente. Os leitores chegavam no estande e pediam pelo livro de Delphi. Como tínhamos dois outros livros menores, menos técnicos, a maneira de identificar era "aquele grandão, a Bíblia!".

Com a divulgação boca a boca, a partir de um dado momento durante a feira, o livro passou a ser identificado como "A Bíblia". Como o livro vendeu muito, tivemos de reimprimi-lo. Chamei o produtor editorial e o instruí para acrescentar na primeira capa a expressão "A Bíblia".

A partir de então, toda a *Série Dominando* passou a ter como subtítulo a expressão "A Bíblia". Assim, tivemos *Dominando o Windows – A Bíblia*, *Dominando o Linux – A Bíblia*, *Dominando o C++ – A Bíblia*, e muitos outros.

Posteriormente, outras editoras fizeram um *benchmarking* e passaram a utilizar essa expressão em seus livros. Tentamos registrar a expressão no Departamento de Marcas e Patentes, sem sucesso.

A Bíblia – Outra história

Esta história ocorreu na mesma época da *Série Dominando*, sobre a qual falei anteriormente. Como em nossa linha editorial havia livros de negócios, fomos procurados para publicar o *Manual Oficial de Treinamento e Desenvolvimento da ABTD*. O organizador do texto era Gustavo Boog, e o livro tinha contribuição de vários profissionais da área, cada qual escrevendo sobre sua especialidade. Era um livro completo.

O lançamento foi em Natal, no Rio Grande do Norte, durante um congresso organizado pela ABTD. Como editor, fui acompanhar o lançamento, que seria oficializado na cerimônia de abertura do congresso.

Na abertura da cerimônia, sem que eu soubesse antecipadamente, fui convocado a fazer parte da mesa. Assim que a mesa foi composta por personalidades presentes, sem que eu também esperasse, passaram a palavra e o microfone para mim. Eu seria o primeiro a falar.

Tenho certa experiência e, como já participei de vários congressos, seminários, lançamentos de livros etc., tenho algumas "falas" relativamente estruturadas e que, dependendo do motivo da cerimônia, posso adaptar com facilidade.

Como disse anteriormente, a história da *Série Dominando*, que ganhou o subtítulo "A Bíblia", era quase simultânea a esse fato. Então, não tive dúvida. Após falar sobre o projeto, disse em alto e bom som:

— Este livro é "A Bíblia" de treinamento e desenvolvimento no Brasil!

Terminei meu discurso e passei a palavra para o próximo orador a discursar. Era uma das autoras colaboradoras do livro, e ela começou assim:

— Antes de começar, gostaria de dizer ao sr. Milton. Que me desculpe, mas "A Bíblia" é a história do nosso querido senhor Jesus Cristo!

A única coisa que puder fazer foi balançar a cabeça várias vezes, concordando com sua afirmativa. Utilizar a expressão "A Bíblia" nesse caso não foi uma boa...

Voltando à *Bíblia de Vendas*

Então, eu tinha nas mãos um livro chamado *A Bíblia de Vendas* e estava ansioso por fazer algo criativo, inovador, apesar dessa última experiência de Natal. Conversei com Douglas Lucas e pedi um projeto de capa que fosse semelhante a uma Bíblia cristã. Dei-lhe liberdade para criar à vontade. A diagramação inteira do livro original americano já era muito boa. O que fizemos foi criar alguns destaques em páginas e termos específicos.

O projeto de capa de Douglas Lucas ficou brilhante. A gráfica escolhida, na época OESP, hoje PROL, deu um tratamento especial na impressão e no acabamento. O livro ficou uma verdadeira Bíblia de Vendas.

Enviamos livros para jornalistas e resenhistas de livros na mídia. A obra foi muito bem aceita, recebendo comentários e resenhas elogiosos. A distribuição nas livrarias e nos pontos de venda foi feita com bastante sucesso. Os livreiros "compraram" a idéia e o conceito da *Bíblia de Vendas*, e o livro foi muito bem exposto em muitas livrarias de todo o Brasil, em pilhas ou em lugares estratégicos, à entrada das lojas. O design e o formato de Bíblia chamavam muita atenção.

Tudo ocorreu natural e seqüencialmente, as resenhas nos jornais, revistas e site. As vendas por estímulo, o *buzzmarketing*, a utilização do livro por empresas e cursos para treinamentos de vendedores, e a adoção em cursos universitários e técnicos. O livro foi muito bem aceito pelo design e referendado pelo excelente conteúdo.

A revista *Venda Mais* entrou em contato com o autor, o americano Jeffrey Gitomer, que passou a ser seu articulista. Ele já veio ao Brasil várias vezes para participar de seminários abertos ou fechados.

Gostaria de registrar mais dois fatos curiosos sobre nossa publicação desse livro. Assim que o livro saiu, eu tinha ainda uma pequena preocupação de chamar e fazer o livro parecer como uma Bíblia cristã. Por coincidência, o livro foi lançado pouco tempo antes da Feira do Livro e, para destacar a obra em nosso estande, colocamos pilhas na frente, para chamar a atenção dos visitantes.

Em um daqueles dias, vi o diretor de uma editora de livros cristãos visitando o estante com outra pessoa. Aproximei-me discretamente e ouvi-o dizer em tom incisivo, com a *Bíblia de Vendas* na mão.

— Está vendo? É isto que eu quero que vocês façam! Olhem só, este livro vende sozinho!

Depois, soube que ele adotou o livro para treinamento dos vendedores de sua editora. O livro tinha sido aceito pelos católicos e evangélicos.

O outro fato foi meu primeiro encontro com o autor, Jeffrey Gitomer. Foi na Feira do Livro de Nova York. Ele estava autografando um novo livro, *O Livro Vermelho de Vendas*. Aproximei-me dele e disse:

— Fui eu que publiquei seu livro *A Bíblia de Vendas* no Brasil.

Normalmente, quando publicamos livros traduzidos, por cláusula contratual, enviamos exemplares para os editores de origem, que, por sua vez, remetem aos autores. Gitomer já tinha recebido o exemplar dos editores americanos.

Então, ele saltou da cadeira, onde estava autografando, virou-se para um grupo de executivos da editora que se encontravam no estande e começou a falar bem alto:

— Foi ele! Foi ele, foi ele que fez meu livro em formato de Bíblia no Brasil!

Depois, segredou:

— Os caras da Wiley (editora americana que publicou o livro em formato de brochura) vão fazer uma edição em capa dura como sua aqui também!

Dito e feito. Hoje o livro *Sales Bible* apresenta duas versões, uma com capa mole e outra com capa dura, quase como a nossa.

A partir de então, temos publicado todos os livros de Gitomer.

O livro *A Bíblia de Vendas* mantém-se em um nível estável e confortável de vendas. Na última Feira do Livro de Nova York, sugeri ao Gitomer um subproduto desse livro, uma edição concisa, com formato pequeno, tipo Bíblia de Bolso, ou Pocket Book de Vendas.

Ele prometeu escrevê-lo.

PROMOÇÃO DE VENDAS – O FITILHO VERMELHO

Para as editoras que publicam livros universitários, o início do ano escolar é vital. Dependendo de quando se iniciam as aulas, o mês de fevereiro, antes e depois do Carnaval, e março são tremendamente importantes.

Funciona assim: no ano anterior, os meses de setembro, outubro e novembro são dedicados à promoção nas universidades. Promotores e representantes de vendas visitam universidades de todo o Brasil e fazem contatos com os professores, para divulgar livros para adoção ou indicação nos cursos do ano letivo seguinte. A esse processo dou o nome de "plantio".

No ano seguinte, quando se iniciam as aulas, vem o período de "colheita". Os professores adotam os livros-textos das matérias que lecionam, e os alunos compram. Em uma classe de cem alunos, cerca de quinze compram efetivamente o livro adotado. É uma média baixa, mas é a pura realidade.

Este *case* é a reprodução de uma ação de promoção e vendas feita na Faap na primeira semana de aula, no início do ano. Conversando com o responsável pela livraria instalada no campus da faculdade, ele nos queixou que as aulas do primeiro semestre estavam para iniciar, ele já tinha feito um estoque dos livros adotados, mas havia um problema crucial: apesar de a livraria estar bem ao lado da cantina, os alunos entravam na cantina e não visitavam a livraria. Aliás, a porta de entrada da livraria ficava dentro da cantina. Isso significava que o aluno, para ir à livraria, passava por dentro da cantina, e na maioria das vezes ficava por lá mesmo.

Tínhamos de criar um atrativo, ou um benefício, que fizesse o aluno comprar o livro adotado. O desafio era fazê-lo entrar na livraria.

Utilizamos então a estratégia de oferecer um brinde a ser retirado na livraria. Para isso, montamos a seguinte ação: criamos um texto dirigido a calouros e veteranos, com mensagens específicas no conteúdo. Aos calouros desejávamos boas-vindas, sugerindo valorizar esse período importante da vida deles, como estudantes universitários. Aos veteranos, parabenizávamos pelos anos cumpridos e falávamos da importância da preparação para o futuro profissional. Ao fim do texto, convidávamos a todos que visitassem a livraria e retirassem um brinde, uma caneta Bic com o logotipo da Makron Books.

Para haver uma identificação com a formação acadêmica, a tipologia da diagramação do texto lembrava um diploma, ou um certificado, e utilizamos para impressão um papel especial amarelado. Ficou parecendo mesmo um diploma em formato menor que o convencional.

A idéia era contratar moças e rapazes e posicioná-los na calçada, nas portas de entrada da Faap, e entregar o folheto aos estudantes que chegavam. Obtivemos da Faap autorização para desenvolver essa ação.

Com toda estratégia montada, folhetos impressos, pessoal para distribuição contratado, livraria com brindes e livros prontos a receber os alunos, surgiu-me uma dúvida. Curiosamente, quando crio alguma ação de marketing, eu sempre me coloco como agente ativo e agente passivo da ação, e quando fiz isso, imaginei-me recebendo o folheto.

Seria uma ação simples: um rapaz ou uma garota, com as características daquelas que trabalham em feiras e eventos, entregaria um folheto a estudantes, também jovens, moças e rapazes. Não vi problema na ação.

Quando me imaginei como agente passivo, eu recebia um folheto, como muitos outros folhetos que recebemos dia a dia, e fiquei em dúvida se leria ou jogaria fora no primeiro cesto de lixo.

Faltava então alguma coisa para incentivá-los a ler o folheto, principalmente porque, só ao fim do texto, oferecíamos o brinde. Estava em destaque, mas precisava ser lido.

É importante dizer que essa dúvida ocorreu-me na manhã anterior ao dia da ação, quando revisamos todo o processo. Durante algumas horas, discutimos minha dúvida. Como fazer o estudante ler o folheto todo?

Do mesmo modo que a dúvida, a solução também me ocorreu repentinamente. Imaginei-me recebendo o folheto e perguntando-me: "O que me levaria a lê-lo?".

Era preciso criar algum detalhe que diferenciasse esse folheto de um folheto comum. Mandei comprar fitilhos vermelhos, desses que enrolam diploma. Passamos a tarde toda enrolando os folhetos, prendemos com os fitilhos e terminamos com um belo laço.

No dia seguinte, entregamos os folhetos, em forma de canudo, com os fitilhos e laços aos estudantes que chegavam pela manhã à Faap.

— Nem bem comecei a faculdade e já estou recebendo um diploma! — disse um calouro.

— Caramba, já estou recebendo o diploma! — disse um veterano.

Acreditamos que o formato de canudo e o fitilho vermelho com o laço fizeram que muitos estudantes tivessem a curiosidade de ler o texto do folheto. Como resultado, tivemos cerca de 750 alunos retirando o brinde na livraria, e as vendas de livros adotados cresceu 25% naquele trimestre.

Este *case* mostra que, ao criar uma ação de marketing, é interessante que você se coloque na posição tanto do agente ativo quanto do agente passivo, para tentar antecipar reações. Como neste caso, a idéia de enrolar o folheto em forma de canudo e amarrá-lo com fitilho vermelho, sugerindo tratar-se de um diploma, resolveu o problema da possibilidade de o folheto não ser lido e ser descartado na primeira cesta de lixo.

A PROMOÇÃO ERA SÓ DENTRO DAS LIVRARIAS

As histórias de sucesso aqui narradas nos enchem de orgulho, mas é preciso também saber tirar lições de casos não tão bem-sucedidos. Em um mês de março, fomos procurados pelo gerente de marketing de uma rede de livrarias para participarmos de uma campanha com o objetivo de estimular as vendas de julho nas livrarias de shopping centers, concedendo descontos especiais como uma forma de atração.

Julho é mês de férias escolares, e quem não viaja acaba indo passear em shoppings. Por isso, fazer uma promoção especial para esse público era uma ótima idéia. O atrativo estava em uma tabela crescente de descontos oferecidos ao leitor, na proporção do número de livros adquiridos.

O plano era muito bom e consistia na compra e permuta de espaços específicos em TV, rádios, jornais e revistas, além da utilização do *mailing list* das editoras convidadas a participar da campanha. De acordo com a proposta, as editoras selecionadas arcariam com uma parte dos investimentos em mídia. Em contrapartida, o cliente faria um pedido substancioso de livros para serem expostos em lugares nobres nas livrarias da rede. A rede também assumiria uma pequena parte dos custos de mídia.

Os veículos já tinham sido contatados e fizeram propostas de um desconto expressivo nos custos das inserções. O valor que caberia à editora era atraente, em função do pedido de livros que seria feito e das reais possibilidades de vendas em julho, um mês tradicionalmente fraco.

Estávamos todos animados com a promoção.

Foi então que, em junho, o mesmo gerente de marketing nos procurou para informar que a promoção tinha sido cancelada. A diretoria geral não tinha concordado com os valores que lhes caberia e com o comprometimento dos pedidos de livros. A rede pretendia aplicar a tabela de descontos progressivos e divulgar a promoção por meio de cartazes afixados dentro das próprias livrarias.

Argumentamos que o plano de divulgação era excelente e que nossa expectativa de sucesso era grande. Propusemos também que, após o encerramento de julho, aceitaríamos a devolução dos livros não vendidos. Tudo em vão, pois a diretoria geral já tinha tomado a decisão e não havia como negociar.

Eu disse então que a promoção com cartazes nas lojas daria um resultado relativo, e que estávamos perdendo uma ótima oportunidade, já que diversas editoras e os próprios veículos de mídia estavam sintonizados com a iniciativa e dividindo os custos.

Independentemente da concretização da campanha de mídia, enviamos em consignação ótimos livros para a promoção interna de julho. Se o objetivo da campanha era levar pessoas para dentro da livraria, a promoção por meio dos diversos veículos teria essa função.

Os shoppings centers têm o poder de atrair pessoas regularmente, que passam pelos corredores, utilizam a praça de alimentação, freqüentam os cinemas e fazem compras. No entanto, o grande desafio dos lojistas é fazer o cliente dar o passo para dentro de sua loja.

O que leva uma pessoa a entrar em uma loja quando está caminhando pelo shopping? Ela precisa de um produto ou deseja tê-lo, ou é estimulada por uma ação promocional na vitrine, seja focada no próprio produto, seja na oferta de um preço atraente.

Colocando os cartazes promocionais dentro das livrarias poderia, sim, estimular os leitores que tivessem espontaneamente entrado na loja a comprar um ou mais livros, ou até mesmo alguém que ficasse estimulado pelo preço na vitrine. Uma boa promoção de verdade, no entanto, deveria ter a missão de criar uma demanda de fora para dentro, ou seja, incentivar o leitor a se dirigir ao shopping para comprar livros.

Os vendedores de sapatos

Essa história me fez lembrar que, dia desses, fui a um shopping center para comprar sapato. Olhando a vitrine, escolhi um modelo e chamei um vendedor. Apontei o modelo e indiquei o número desejado. Entrei na loja, sentei e fiquei esperando o vendedor trazer o sapato para eu experimentar.

Não demorou muito e ele voltou do estoque com cerca de oito caixas de sapato. Além do modelo e o número que escolhi, trouxe outros parecidos.

Nesse ínterim, uma jovem senhora do lado de fora chamou outro vendedor para mostrar-lhe o sapato escolhido, entrou e ficou aguardando. O vendedor foi ao estoque, voltou sem nenhuma caixa e disse:

— Aquele modelo não temos mais. A senhora poderia, por favor, ir lá fora e escolher outro modelo na vitrine?

Ela olhou o monte de caixas na minha frente, levantou-se e foi embora. O vendedor, surpreso, virou-se para nós.

— Ela foi embora?!

Eu não agüentei e disse:

— A coisa mais difícil de um shopping é fazer a pessoa dar um passo para dentro de uma loja, e você mandou ela sair.

— Não! Eu só pedi para ela escolher outro modelo na vitrine.

— Então, mandou a cliente para fora!

Lembro-me de ter comprado dois pares naquele dia. O modelo que eu tinha escolhido e outro parecido, trazido pelo vendedor.

A decisão certa, na hora certa

Voltando ao *case* das livrarias, a promoção mediante a concessão de descontos na compra de livros, com cartazes colocados dentro das lojas, gerou um pequeno crescimento de vendas. Muitas pessoas que foram ao shopping e passaram em frente à vitrine, ou que entraram nas livrarias por outro motivo, acabaram comprando os livros em promoção. Os livros incluídos na promoção e os descontos eram realmente bons.

Para nós, editores, o resultado teria sido melhor ainda se o plano inicial de marketing tivesse sido implementado. Teríamos atingido um público maior.

Dois comentários:

1) O excesso de prudência da diretoria geral, ou a falta de visão de uma oportunidade de negócio identificada pelo gerente de marketing e pelos editores, acabou frustrando os resultados. O plano de marketing estava correto, o tempo da promoção, os veículos de comunicação, os livros escolhidos, o período de expectativa de vendas, a logística, tudo estava perfeito, mas faltou decisão. No livro *Por que Executivos Inteligentes Falham*, o autor Sidney Finkelstein mostra que, na grande maioria das vezes, a falha do executivo ocorre na tomada de decisões. Uma decisão tomada no momento certo gera resultados. A mesma decisão, tomada no tempo errado, pode não dar certo.

2) Se olharmos pelo lado comportamental dos vendedores, este *case* valoriza o conhecimento do produto, as características e a qualidade do atendimento na venda específica desse produto e o conhecimento do comportamento do consumidor.

BRASIL JAPÃO, 100 ANOS DE PAIXÃO

O livro *São Paulo, 450 Razões para Amar*, lançado em novembro de 2003 para comemorar os 450 anos de São Paulo, celebrado em 25 de janeiro de

2004, tinha sido um sucesso de marketing e vendas. A partir daí, junto com o co-autor, Ernesto Yoshida, estivemos prospectando um novo projeto para fazermos juntos.

Em fevereiro de 2007, localizei uma comemoração que me parecia atraente para um novo livro, os 100 anos da imigração japonesa, em razão do centenário da chegada do navio Kasato Maru ao porto de Santos trazendo os primeiros imigrantes japoneses para o Brasil. O centenário desse fato histórico seria celebrado no dia 18 de junho de 2008.

Era um tema atraente ainda mais pelo fato de Yoshida ser descendente de japoneses. Ele é nissei, isto é, filho de japoneses. Seu pai foi um imigrante de Nagasaki.

O projeto e o conteúdo

A idéia era a mesma do livro *São Paulo, 450 Razões para Amar*, ou seja, entrevistar personalidades sobre os 100 anos da imigração japonesa e incluir fotos e ilustrações relativas ao tema.

Já no início esbarramos em uma pequena dificuldade: o livro sobre São Paulo continha 450 depoimentos, e o livro sobre o Japão, se levássemos em consideração os anos de comemoração, teria somente 100 depoimentos. O livro ficaria muito pequeno.

Pensamos, então, em ter no mínimo o dobro, ou seja, 200 depoimentos, e aumentar o número de fotos e ilustrações. Para quem questionasse o número 200, responderíamos que 100 era muito pouco para representar a importância da celebração.

A escolha dos nomes

O passo seguinte foi determinar quem seriam as personalidades e que depoimentos solicitaríamos delas.

Decidimos que teríamos 60% de depoentes japoneses e seus descendentes e 40% de não japoneses.

Preparamos uma lista de nomes de japoneses e descendentes que considerávamos personalidades em várias áreas profissionais. Da maioria dos japoneses tínhamos somente o nome. Era bem mais fácil selecionar os não japoneses, pois já tínhamos nomes e contatos com os depoentes do livro sobre São Paulo. O que precisávamos era relacionar quais pessoas entrariam nesse novo livro, lembrando que precisávamos de um número menor.

Alguns japoneses já tinham participado do livro de São Paulo e foram naturalmente escolhidos para participar do novo livro.

As perguntas

Como eram somente 200 depoentes, precisávamos que os depoimentos não fossem muito pequenos. A idéia foi criar perguntas que fizessem que o depoente utilizasse de uma pequena narrativa.

Pedimos, então, para que cada um respondesse a três perguntas:

1) Quando se fala no Japão, no povo japonês e na cultura japonesa, quais são as primeiras coisas que vêm à cabeça?
2) Em sua opinião, qual foi a principal contribuição dada pelos japoneses e seus descendentes ao longo dos 100 anos de história desse povo no Brasil?
3) Relate algum episódio curioso ou alguma experiência inesquecível em seu contato com os japoneses, com seus costumes e com sua cultura.

Tendo definido os nomes e as perguntas, montamos uma estrutura interna de trabalho para iniciar os contatos. Contratamos uma estudante de jornalismo da USP para tocar operacionalmente o projeto. Montamos uma estrutura de comunicação com computadores, internet, e-mails, telefones, fax e todo o apoio físico necessário para o andamento do trabalho.

Em março de 2007, demos início efetivo à coleta dos depoimentos. Vários depoentes faziam parte de nosso relacionamento pessoal ou tinham sido depoentes no livro sobre São Paulo. Como esse livro tinha ficado muito bonito e feito sucesso, tivemos facilidade de obter os novos depoimentos.

Na verdade, tivemos pouquíssimos problemas com depoentes não japoneses. A maioria respondeu prontamente. As exceções foram algumas figuras da mídia, notadamente do meio artístico, TV e rádio.

A grande dificuldade foi obter os depoimentos dos japoneses e seus descendentes. Os que nos conheciam, ou que conheciam o livro sobre São Paulo, nos responderam prontamente. No entanto, os outros, até por serem bastante reservados, fizeram com que tivéssemos bastante dificuldade de contatá-los ou de responderem às perguntas.

Uma grande barreira que encontramos, da mesma forma que havia ocorrido quando fizemos o livro sobre São Paulo, foi obter depoimentos de alguns empresários e de profissionais do meio artístico. Fomos barrados por um filtro excessivo de secretárias, agentes, assistentes e assessores de imprensa e comunicação. O curioso é que, depois de os livros serem publicados, muitos deles nos perguntaram por que não estavam no livro.

Mudança de rumo

À medida que nosso projeto avançava, começaram a ser veiculadas na mídia diversas reportagens sobre os 100 anos da imigração japonesa. Como decidimos que o livro devia ter no início um pequeno histórico, coube a mim efetuar as pesquisas.

Iniciei visitando o Museu Histórico da Imigração Japonesa no Brasil, no bairro da Liberdade, em São Paulo. Pesquisei vários livros e textos e conversei com historiadores do próprio museu. À medida que ouvíamos os depoimentos e, principalmente, após ter colhido várias informações por meio de pesquisas, resolvemos alterar o direcionamento do livro.

Como disse anteriormente, o livro teria um pequeno histórico na abertura e depois apresentaria os depoimentos de 200 personalidades de origem japonesa, descendentes e não japoneses. A lista das personalidades era constituída principalmente por pessoas com visibilidade nacional, sendo que a maioria era de São Paulo ou do Rio de Janeiro.

A pesquisa mostrou-nos que, quando o navio Kasato Maru chegou ao Brasil, os imigrantes foram divididos em cinco grupos e enviados para cinco fazendas de café no estado de São Paulo. Os 781 imigrantes que chegaram na primeira leva foram assentados nas fazendas Guatapará (em Guatapará), Dumont (em Dumont), São Martinho (em Pradópolis), Canaã (em Luís Antônio), todas na região da linha Mogiana, próximo a Ribeirão Preto. Dois outros grupos foram para as fazendas Sobrado (em São Manuel) e Floresta (em Itu), regiões cobertas pelas linhas de trens Sorocabana e Ituense.

A partir daí, iniciamos um novo trabalho de pesquisa para tentar encontrar, nessas regiões, descendentes diretos dos primeiros imigrantes do Kasato Maru e colher depoimentos que pudessem enriquecer nosso livro.

As pesquisas em São Manuel e Itu não deram resultado. Não encontramos ninguém ou registro histórico que pudesse ser utilizado no livro. Já na região de Ribeirão Preto, o resultado foi surpreendente. Lá existe uma comunidade japonesa muito ativa, que preserva as tradições e a cultura natal e que se integra perfeitamente à comunidade local.

Para o centenário da imigração, foram programados vários eventos envolvendo a cidade e toda a região. O vereador Silvio Martins tinha apresentado um projeto, aprovado pela Câmara Municipal, declarando Ribeirão Preto o "Berço da Imigração Japonesa". Isso porque Guatapará, Pradópolis, Luís Antônio e Dumont eram, em 1908, distritos de Ribeirão Preto. Hoje são cidades independentes.

Meu objetivo, como autor do livro, era aproveitar todo esse clima de celebração do centenário de imigração e inserir a região de Ribeirão Preto em nosso livro. Fiz então contatos com os líderes da comunidade japonesa, com a comissão dos festejos e, principalmente, com a assessoria de comunicação contratada para participar da organização, promover e divulgar os festejos. Por intermédio deles, pude inserir o livro na programação oficial da cidade, além de obter o apoio necessário, com a indicação de personalidades locais para captação de depoimentos.

Foi então que "descobri" Mombuca, uma comunidade japonesa em Guatapará e que havia recebido imigrantes na década de 1960. Essa comunidade preserva não só a cultura e as tradições, como também utiliza a língua japonesa em seu cotidiano. Lá obtive importantes e significativos depoimentos de líderes dessa comunidade.

O livro já ganhava uma abrangência maior. Inserimos a região de Ribeirão Preto, que recebera três quartos dos primeiros imigrantes japoneses, e coletamos depoimentos de três descendentes diretos de imigrantes do Kasato Maru.

Tínhamos, até então, cerca de 200 depoimentos. Planejávamos fechar o livro até 31 de janeiro de 2008 para lançá-lo durante o mês de abril, isto é, três meses antes do dia oficial de celebração, 18 de junho. Precisaríamos de alguns poucos depoimentos a mais. Decidi captá-los em Caraguatatuba, em uma comunidade japonesa no bairro de Jetuba, que eu já conhecia. São imigrantes dos anos 30 que, primeiramente, foram para a região de Registro, no sul do estado de São Paulo. No fim da década de 1940, parte dessa comunidade adquiriu, por meio da Cooperativa Agrícola de Cotia, um sítio no bairro de Jetuba, onde se fixaram e criaram raízes. Durante todo esse tempo, produziram banana, baunilha e hortaliças, criaram carpas e, hoje, cultivam antúrio.

O livro ficou repleto de depoimentos marcantes e tocantes. Foi gratificante ver nos olhos dos depoentes a emoção aflorar, muitas vezes enchendo os olhos de lágrimas.

É importante esclarecer que os depoimentos chegavam a nós de várias maneiras e com estilos totalmente diferentes, pois vinham, em sua maioria, por e-mails. Isto é, cada depoente escrevia a seu estilo e a sua maneira, alguns de forma prolixa, outros de maneira monossilábica. Além deles, havia os depoimentos que eu captava diretamente, narrados pelos próprios depoentes. Todos esses textos eram passados para Yoshida, que tratava de uniformizá-los, corrigindo alguns, reduzindo outros, colocando muitas vezes a linguagem falada em texto de livro.

Eu, por exemplo, procurava em meus textos valorizar a emoção dos depoimentos, e cabia a Yoshida, muitas vezes, dosar o texto na medida certa do tom do livro.

Ilustrações e fotos

O texto do livro estava pronto, e era preciso ilustrá-lo. Entramos em contato com quatro fotógrafos, dois em São Paulo e dois em Ribeirão Preto, para fotografar lugares e objetos relacionados à cultura japonesa. Para que houvesse um contraponto no estilo das fotos, escolhemos um fotógrafo homem e uma fotógrafa mulher para cada região.

Assim, obtivemos fotos de São Paulo e, principalmente, da região do bairro da Liberdade, sob a ótica e sensibilidade feminina e masculina.

O mesmo ocorreu em Ribeirão Preto.

O produto final

Como o projeto editorial deveria seguir rigorosamente o utilizado para o livro *São Paulo, 450 Razões para Amar*, a diagramação, a tipologia, as marcas d'água e a própria capa deveriam ter o mesmo estilo e padrão. Assim, ficou bem mais fácil produzir o livro e recuperamos um tempo precioso que tínhamos perdido com a dificuldade de obter os depoimentos e a mudança de rumo que tínhamos implementado.

A partir desse estágio do projeto, incorporei a função de editor.

No meio de março a 2008, tínhamos o livro diagramado, e as fotos escolhidas e definidas. Como o livro teria 200 depoimentos, e uma média de dois depoimentos por página, totalizando 100 páginas, resolvemos incluir 100 fotos, intercalando uma página de depoimento e uma página de foto. Assim, teríamos um livro com cerca de 200 páginas. Decidimos incluir também algumas páginas duplas com fotos, o que nos daria algumas páginas adicionais.

Finalmente, fechamos o livro com 214 páginas.

O livro foi planejado totalmente em cores, papel couchê de 120 gramas, capa dura, com reserva de verniz.

Plano de marketing: o lançamento

A princípio, decidimos que o lançamento não seria em uma livraria e que deveríamos buscar um lugar relacionado com a cultura japonesa. Tínhamos três opções: o Museu Histórico da Imigração Japonesa no Brasil, na Liberdade; o Pavilhão Japonês, no Parque do Ibirapuera; e um restaurante japonês típico na região dos Jardins.

O museu foi descartado pela localização. Apesar de ser, em termos da cultura japonesa, o mais adequado, o museu fica na Rua São Joaquim, no bairro da Liberdade, o que tornava o acesso difícil ao público, devido ao trânsito.

A segunda opção, o Pavilhão Japonês, no Ibirapuera, foi logo descartado, pois não é permitida a circulação de automóveis em seu entorno, o que obrigaria os convidados a caminhar cerca de 500 metros, do estacionamento até o Pavilhão.

Decidimos então pela terceira opção, um restaurante japonês na região dos Jardins, e o escolhido foi o Hanadoki, na Rua Professor Artur Ramos.

O lançamento foi marcado para 28 de abril de 2008, 51 dias antes da data da celebração do centenário da imigração. Tínhamos, portanto, 51 dias para promover a venda do livro.

Os convidados

A lista dos convidados era composta pelos depoentes, pelos nomes dos *mailings pessoais* dos autores e por clientes especiais do Hanadoki. A lista chegou perto de 800 nomes. Nosso objetivo era contar com a presença de no mínimo 20%, ou seja, 160 pessoas.

No final de março, enviamos e-mails com o RSVP. Precisávamos ter uma estimativa do número de pessoas, para que o restaurante preparasse a recepção. Nos primeiros 15 dias, recebemos cerca de 50 confirmações espontâneas. Metade delas dos *mailings* pessoais dos autores. A partir daí, resolvemos intensificar os contatos. Reenviamos e-mails a todos os convidados relacionados na lista, com exceção dos que já tinham confirmado, e após alguns dias iniciamos os contatos telefônicos para a confirmação de presença. Após dez dias, o número chegava a 100 pessoas. A nova estratégia foi reforçar o contato com depoentes e abrir a possibilidade de eles levarem alguns convidados, desde que confirmasse antecipadamente.

Em mais uma semana, chegávamos a 140 nomes.

O lance final foi telefonar para nomes que faziam parte do *mailing* pessoal dos autores, enfatizando que a presença deles era muito importante para os autores. Três dias antes do evento, a lista totalizava 195 pessoas.

O evento

O restaurante Hanadoki, pelo seu design e decoração, não requeria qualquer tipo de complemento. O cardápio deveria conter somente iguarias japonesas, regadas a prosecco, refrigerante e água.

À porta de entrada posicionamos duas recepcionistas nisseis vestidas em trajes típicos para receber os convidados.

Logo após a porta de entrada, à direita, ficava a mesa com os livros à venda. Ao lado havia outra mesa, para que cada convidado depoente autografasse dois livros, na página específica de seu depoimento.

A mesa dos autores ficava no fundo do salão, em frente a um belíssimo aquário.

O cerimonial

O convidado era recebido por um serviço de valet à porta do restaurante, em seguida era recebido pelas recepcionistas em trajes típicos, que lhe davam as boas-vindas e indicavam a mesa com os livros à venda.

Nessa mesa, o vendedor identificava o convidado. Se ele comprasse o livro, seu nome era anotado em um *post-it* colocado na primeira página do livro, para facilitar aos autores a identificação do convidado quando da concessão do autógrafo. Se ele fosse um dos depoentes, era conduzido à mesa ao lado, para autografar os dois livros, na página de seu depoimento.

É importante frisar que, como sabíamos que alguns depoentes poderiam pensar que, pelo fato de terem concedido depoimento, o livro lhe seria presenteado, demos ao lançamento um caráter beneficente, com a destinação de 50% da renda ao Kodomo-No- Sono, entidade beneficente de origem japonesa. Nos e-mails enviados já mencionávamos essa finalidade filantrópica.

O evento foi um sucesso. Recebemos um total de 246 convidados e vendemos 160 livros.

Promoção, divulgação e distribuição

Enviamos o livro para cerca de 200 veículos de comunicação e obtivemos resenha em vários jornais, revistas e sites. Algumas emissoras de rádio e TV solicitaram entrevistas com os autores, e algumas noticiaram o lançamento do livro.

Apesar de o livro estar mais centrado na cidade e no estado de São Paulo, em virtude da data festiva, obtivemos divulgação e resenha em todo o Brasil.

O mesmo ocorreu em relação à distribuição nas livrarias. São Paulo foi o foco do nosso trabalho de distribuição e vendas. No entanto, o livro foi colocado à venda em todo o Brasil e teve ótima repercussão.

Lançamento em Ribeirão Preto

Paralelamente a São Paulo, preparamos o lançamento em Ribeirão Preto. Do mesmo modo que ocorreu na capital paulista, queríamos realizar um evento de alto nível, e foi nos gentilmente oferecido pelo professor Victor Mirshawka Junior o belíssimo prédio da Faap de Ribeirão Preto.

Os convidados

Para nos ajudar na coleta de depoimentos e na assessoria de impressa, tínhamos contratado a empresa Pseudo Vídeo, que, por sua vez, era também a responsável pela promoção, divulgação e organização dos eventos comemorativos do centenário da imigração japonesa programados pelas associações japonesas de Ribeirão Preto e região.

A Pseudo Vídeo tinha um *mailing list* muito bom, que incluía pessoas importantes da comunidade japonesa e não japoneses, e estava sendo utilizado para os eventos que estavam ocorrendo na cidade. Pudemos utilizar esse *mailing* para convidar personalidades para nosso lançamento. Tínhamos contratado também duas outras pessoas para entrar em contato e convidar personalidades da cidade que não estavam no *mailing* da Pseudo Vídeo, e convidados do *mailing* pessoal dos autores. Essas duas colaboradoras ficaram incumbidas de preparar e organizar o evento propriamente dito. Nossa expectativa era contar com a presença de 80 a 120 pessoas.

O evento

O lançamento foi realizado no hall central da entrada do prédio da Faap, localizado na Avenida Independência, no dia 8 de maio de 2008.

Contratamos os serviços de um bufê local e o cardápio normal, com salgados, prosecco, refrigerantes e águas.

Do mesmo modo que em São Paulo, contratamos duas recepcionistas com trajes típicos para receber os convidados, colocamos uma mesa para a venda dos livros e uma mesa para autógrafos dos depoentes. Os autores ficavam em uma mesa ao fundo do salão.

Diferentemente de São Paulo, para criar um clima mais adequado, colocamos nas paredes 16 pôsteres com fotos internas do livro.

O cerimonial foi o mesmo de São Paulo: as recepcionistas recebiam os convidados e indicavam a mesa com os livros para compra. Os depoentes assinavam os dois livros já autografados em São Paulo e, em seguida, participavam normalmente do evento.

Recebemos nessa noite 145 convidados e vendemos 56 livros.

Metade da renda do evento foi oferecida ao Lar do Jovem Idoso Tio João (Larji), que recebe o apoio da comunidade japonesa local.

Preparação, divulgação e distribuição

O lançamento do livro fez parte do calendário oficial de eventos de Ribeirão Preto, e obtivemos espaço em toda a mídia local e da região. Participamos de várias entrevistas em rádios e televisões locais, notadamente em programas sociais e culturais.

O livro foi distribuído e colocado à venda em todas as livrarias da cidade e região.

Lançamento na Livraria Paraler, de Ribeirão Preto

Em função do sucesso, fomos convidados pela Livraria Paraler, localizada no Shopping Ribeirão Preto, a participar de uma noite de autógrafos do livro, dirigida aos clientes leitores da livraria, no dia 14 de maio. Segundo a assessoria de imprensa da Paraler, seriam enviados convites para um *mailing* de seis mil nomes.

Como tínhamos esgotado todos os nossos esforços de convidar pessoas para o evento da Faap, tínhamos de confiar que a assessoria de imprensa da Paraler colocasse pessoas no evento. No entanto, como medida de segurança, decidimos convidar novamente pessoas que não tinham comparecido ao evento da Faap, sobretudo meus parentes e amigos de infância de Viradouro, uma cidadezinha a 100 quilômetros de Ribeirão Preto, onde me orgulho de ter nascido.

Se a noite de autógrafos não foi um sucesso total de público e de vendas, pois, dos seis mil convidados da Paraler, apareceram somente 20 pessoas, e daqueles convidados novamente, nos prestigiaram não mais do que dez pessoas. Já de minha cidade natal, Viradouro, veio uma comitiva em um ônibus fretado e alguns carros particulares.

Se não foi um sucesso de público e vendas, foi um sucesso de carinho e de saudade.

Resultado de vendas – Brinde do Banco Itaú

O livro foi lançado oficialmente no dia 28 de abril e a celebração dos 100 anos da imigração japonesa ocorreu no dia 18 de junho. Tivemos, portanto, praticamente, 51 dias para trabalhar o livro. Além dos espaços nos jornais, revistas e televisão, realizamos palestras sobre o tema na Livraria Saraiva do Shopping Paulista e na Fnac do Morumbi. O livro foi exposto em diversos eventos comemorativos ao tema, incluindo o Festival Tanabata, de Ribeirão Preto.

As comemorações estenderam-se o ano todo, e o livro continuou exposto nas livrarias e com vendas regulares o ano todo.

Na Bienal do Livro de São Paulo, realizada em agosto, foi um dos destaques e, conseqüentemente, um dos mais vendidos.

O Banco Itaú adquiriu 1.300 exemplares para distribuição como brinde a seus clientes VIP.

Outras empresas e pessoas adquiriram também livros para brindes e presentes.

Este é um projeto completo de marketing que se iniciou com o desenvolvimento do produto, com a definição da forma, do tamanho, da embalagem, do conteúdo e, posteriormente, todo o trabalho de planejamento de marketing, promoção, divulgação, distribuição e vendas.

PALAVRA FINAL

Espero que os relatos dos cases tenham, além de dado o prazer da leitura, transmitido informações e conhecimentos. Ficarei muito feliz em saber que puderam utilizar e aplicar algumas das idéias em suas vidas profissionais e pessoais.

Durante toda minha vida profissional procurei utilizar tudo que aprendi e gostaria de deixar como mensagem final três conceitos, somente.

CONHECIMENTO – É o alimento indispensável à carreira profissional. Do mesmo modo que a gasolina é para o carro, conhecimento é o alimento que nos move a agir profissionalmente. Leiam tudo relacionado a sua profissão. Ouçam pessoas que tenham informações importantes a transmitir. Armazenem conhecimentos. Se você é um estudante, não se contente com o que aprende na Faculdade. Aprofunde seus conhecimentos e eles lhe darão uma vantagem competitiva mais a frente.

PENSAR ESTRATEGICAMENTE – Tanto na vida pessoal como na profissional o pensar estratégico é fundamental e decisivo, e só é possível a partir do conhecimento que adquire e armazena. Quando combina estes dois fatores, as possibilidades de tomar decisões certas são muito maiores.

AGIR – A AÇÃO NA PRÁTICA – Agir é transformar o pensar estratégico em uma ação efetiva, prática. Não adianta ter conhecimentos, pensar estrategicamente e ficar só no planejamento. Em um sistema de competição, vão estar à frente os profissionais que captarem primeiro as informações úteis e transformarem em ações práticas e produtivas para si e suas empresas.

"Cinco sapos estão em cima de um tronco, e três decidem saltar, quantos ficam sobre o tronco? Todos! Os três só decidiram, mas nenhum realmente saltou!"

Durante suas vidas, muitas vezes se sentirão em cima de um tronco, e eu afirmo com segurança que, com conhecimentos, o pensar estratégico e consciência da importância da ação prática, não terão qualquer receio, saltem!

MILTON MIRA DE ASSUMPÇÃO FILHO
Empreendedor por Natureza

Natural de Viradouro (SP), graduou-se em Economia e Administração de Empresas e fez diversos cursos de especialização nos Estados Unidos e na Europa.

Empreendedor por natureza, ele criou e transformou a editora Makron Books numa das maiores e mais importantes editoras de livros técnicos e científicos de todo o Brasil. No ano de 2000, acompanhando as tendências naturais dos investimentos vindos do exterior, vendeu a Makron Books à editora inglesa Pearson Education, onde ficou por dois anos como presidente. Em 2003, cumprindo novamente sua missão de empreendedor, criou uma nova editora, a M.Books, especializada na área Negócios, Pais e Filhos, e Interesse Geral.

Milton é palestrante internacional, tendo ministrado palestras nos EUA, no México, na Espanha, em Portugal e na Argentina. É autor de quatro livros, BRASIL JAPÃO, 100 ANOS DE PAIXÃO, lançado em comemoração ao Centenário da Imigração Japonesa no Brasil; SÃO PAULO, 450 RAZÕES PARA AMAR, ambos em co-autoria com Ernesto Yoshida, que foi indicado pela Câmara Brasileira do Livro como "brinde oficial" da 18ª Bienal do Livro de 2004; PAIS MUITO ESPECIAIS e MÃES MUITO ESPECIAIS, estes em parceria com sua filha Natalia Assumpção.

Como Editor, publicou mais de 2000 títulos de autores brasileiros e internacionais.

Publicou através de editoras internacionais mais de 50 livros técnicos, didáticos e científicos de autores brasileiros nos mercados da América Latina, USA, Espanha e Portugal.

Publicou o primeiro livro de Informática em Braille para cegos, em co-edição com a Fundação Dorina Nowill.

Condecorações e Prêmios Recebidos:

- Ocupa a Cadeira de N°03 da Academia Brasileira de Marketing, como o Editor que publicou os mais importantes livros de marketing nos últimos 20 anos, no Brasil.
- Homem de Marketing do Ano do Estado de São Paulo.
- Medalha Tiradentes da Assembléia Legislativa do Estado do Rio de Janeiro - Cidadão Fluminense.
- Medalha Pedro Ernesto da Câmara Municipal da Cidade do Rio de Janeiro - Cidadão Carioca.
- Comenda do Mérito Cultural da Academia Brasileira de Arte, Cultura e História.
- Comenda do Mérito de Administração do Conselho Regional de Administração de Minas Gerais.
- Prêmio Belmiro Siqueira do Conselho Federal de Administração de Brasília.
- Prêmio Benemérito da Administração do Conselho Regional de Administração de Goiás e Tocantins.
- Membro do Júri do Prêmio Marketing Best de Responsabilidade Social da Madia Mundo Marketing e Editora Referência.
- Membro do Júri do Prêmio Veículos de Comunicação do Ano - Revista Propaganda.
- Troféu HQ Mix de Melhor Livro Teórico de 2007 com o livro Desenhando Quadrinhos de Scott McCloud.
- Título de Cidadão de Caraguatatuba – SP.